JN437003

님께 드립니다.

고통과의 하이파이브

이주리 수필집

수필과 비평사

작품론

모성적 휴머니즘과 시적수필이 융합된 관조의 세계

〈이주리 작품세계〉

나 병 훈 (문학평론가)

1. 머리말

이주리의 수필집 《고통과의 하이파이브》를 읽었다. 수필 감상은 자기 고백을 통한 성찰과 체험문학이라는 장르의 특성상 작가의 체험을 들춰내며 글 몸속으로 풍덩 빠져야만 그 체험의 의미 찾기를 통한 작가의 인식 세계를 유추해 내는 일이 가능한 일이다. 다행히도 작품 글 곳곳에 독자가 찾아 읽을 몫을 여유롭게 남겨 둔 덕택으로 그 사유 공간을 더듬어 낼 수 있었다. 배려에 감사드린다.

개성 강한 다양한 소재가 한결같이 감정에 치우치지 않고 절제된 언어로 각 소재에 대한 작가의 진솔한 독백이 용해되어있는 이 작품들을 한꺼번에 만날 수 있음은 평자의 입장에서 값진 경험이라 아니할 수 없는 이유일 것이다.

이해를 돕기 위해 우선 시인이자 수필가로서 이주리 작가의 뼛속까지 흐르는 휴머니즘의 발원지는 어디인지 살펴볼 필요가 있겠다. 굳이 수필쓰기의 요체인 '체험'이라는 측면에서만 본다면, 서정시가 주로 사물을 통한 체험의 순수한 미적 형상화라면 수필은 자신이 살아온 체험을 통한 고백과 성찰이어야 할 것이다. 이 두 줄기 체험의 도도한 강물이 하나로 합류되어 안식의 나래를 펴는 그 어느 바닷가 모래섬이 바로 이주리 휴머니즘의 고향이라 할 수 있지 않을까?

배 맞아 도망간 무책임한 남편을
시퍼런 자존심으로 보내고
서른여덟에 아이 둘 남겨진 경숙이
그녀의 가슴은 쭉 짜면 뚝뚝 떨어질만큼
온통 수분을 머금었다
<중략>
그녀는 태풍과 한바탕 싸움을 끝내고
당당히 태풍의 사과를 받아냈으며
비로소 바람에 날개를 달아 행복한 항해를 시작했다.
후회와 회한이 더글더글 열린 시간의 장화에 발이 찔

리지도 않았다

비로소 거대한 태풍의 눈이 감겼다

이주리 시 <태풍> 중에서

남편 없이도 약한 여자가 아니라 태풍이라는 아픔에 맞서 굴하지 아니하고 자식을 훌륭하게 키워내고 있는 이 세상의 강하디 강한 어미들인 경숙에게 바치는 봉헌시를 인용해 본다. 그렇다. 모래섬에서 홀로 두 자식을 키워내야 했을 힘들고 가난했던 젊은 날의 고독은 어미가 감당해야 했을 절절한 체험의 강물이요 눈물바다이었을 것이다. 그러기에 지금도 오로지 가슴의 말로만 봉인된 채 오랜 세월 긴 속울음과 침묵의 사리가 되어 있는지도 모른다. 그 울음과 침묵은 오늘날 이주리 작가를 표상하는 시와 수필 문학의 모태가 되어 인간애를 추구하는 모성적 휴머니즘을 더욱더 키워나가는 자양분이 되고 있다.

이상과 같이 이주리가 추구해 온 모성적 휴머니즘과 시적 수필이 융합된 관조의 세계는 작품에서도 어김없이 개성적인 무늬와 색상으로 도드라져 보인다. 따라서 우리는 작가가 독자를 배려하여 남겨둔 체험적 고백이라는 사유의 공간으로 들어가 다음과 같이 '사색과 통찰'이라는 두 개의 큰 물줄기를 더듬어 봄으로써 이주리 작품세계를 부분적이나마 경험해 볼 수 있을 것 같다.

첫째로 미당가의 3대 시 혈맥을 이어가고 있는 작가 자신이 고백하고 있듯이 〈자화상〉에서 외삼촌이 토로했던 고통으로서의 "바람"과 맥을 같이하여 자신 인생의 팔 할을 '이별'로 표상하고 있다. 그가 추구하는 문학세계를 통해 공감할 수 있는 이 '이별'은 '나눔과 공생'이라는 휴머니즘과 융합되어 사색의 저변에 흐르고 있다. 그런 연유로 독자들이 반기며 역설적인 '아름다운 이별'로 복기하고 있음은 당연한 일일 것이다. 그렇기 때문에 일찍이 시 문학계에선 그런 휴머니즘적인 감정을 원색적으로 드러내지 않되 묵묵히 자기만의 문학세계를 구축해 나아가는 이단아적인 여류시인으로 평가받고 있을지도 모른다. 그런 "휴머니스트이자 이별시인"이 우리 시대의 수필작가로서 쏟아냈을 자기 고백적 체험이 수필이라는 건조한 프리즘을 통해 어떠한 사유의 색깔과 무늬로 굴절되고 파문되어 독자의 가슴을 어루만져 줄 수 있는지 그 문학적 사색에 동참해 볼 일이다. 〈고통과의 하이파이브〉, 〈아름다운 이별〉, 〈천지가 꽃이다〉가 이 범주에 속할 것이다.

또 다른 하나는 전형적인 시적 수필이라는 멋스러운 문학적 경험을 해볼 수 있는 기회를 갖게 될 것이다. 모름지기 시가 체험에서 우러난 시어와 시어들이 머리에서 언어로 결합되어 몸에서 언어로 춤추게 하는 장르라 한다면, 수필은 문단과 문단의 조합으로 사유할 가치 있는 인생론적 철학과 사상을 만들어 내야 하는 일이다. 아름다운 수필의 조건이다. 그런 측면에서 그의 시적 요소가 풍미되어 있는 수필이야말로 독자의 교감신경의 끈을 흔들어 대기에 충분하여 맛있게 읽히는 수필의 반열로 들어갈 수 있으리라 본다. 그런 그가 시에서와는 달리 자기를 충분히 드러내는 고백적 담론을 수필이라는 하나의 품격 있는 문학 밥상에 과연 어떻게 시적인 양념요소를 가미하며 풍미스럽게 담아낼 수 있을지 그 문학적 통찰을 경험해 볼 일이다. 〈망해사〉, 〈촛불〉 이 범주에 속할 것이다.

2. 모성적 휴머니즘으로 표백된 사색과 응시

〈고통과의 하이파이브〉는 진솔한 자기 고백적 직장 체험을 통해 그물코처럼 얽힌 청년실업의 사회 문제를 다룬다. “나눔과 공생”이라는 고통 분담을 통해 해결하고자 나지막하게 속삭이는 사회인식의 외침이 돋보인다. 작품을 통해 공감 인식을 만들어 내지 못하는 수필은 이미 수필이 아니다. 이 작품의 백미는 수필의 “사회문제 참여”라는 공감 인식과 참신한 소재에 대한 작가의 깊은 고뇌와 사색과 응시가 그의 분신일 휴머니즘과 융합되어 있는 점이다. 어찌 보면 모성적 휴머니스트인 작가의 숙명적인 시선이요 성찰이기도 할 것이요 휴머니즘을 추구하는 이주리 수필이 주는 자기다운 문학적 개성미라 해도 과언이 아니다.

잔인한 전지, 마음껏 햇빛 속에 가지를 펼치지 못하고, 마음속에 온기라곤 찾아볼 수 없는 네모 반듯한 기준만 있는 정원사에게 싹둑싹둑 삭발당한 목련...
저 획일적인 동그란 틀,틀,틀 (중략)
얼마나 안으로 안으로 몸부림 쳤으면 저리 몽글몽글 사리를 달고 있을까?

<고통과의 하이파이브> 중에서

직장 화단에서 우연히 발견된 정원사에게 삭발당한 하얀 목련꽃과의 조우는 수필가의 예리한 관조와 사유의 범위를 벗어나지 못한다. 작가의 인간애적인 시선은 획일적인 사회구조의 틀 속에서 오로지 삶을 위해 감내하며 살아온 자신의 고통을 더듬을 여유도 없이 이내 실직자와 일용근로자들의 고통스러움의 산물인 사리들을 먼저 어루만지려 한다. 수필작가로서 자기 속의 진실된 자기 초월을 통해 "나눔과 공생"의 철학적 미학으로 자기 감정을 여과없이 승화시키려 하고 있다. 작가가 허수경의 시 〈공터의 사랑〉을 인용하고 있듯이 "영혼은 까맣게 탈진했어도 저녁 어스름에 상처를 딛고 핀 환한 꽃"으로서의 하얀 목련이자 자아이기를 소망하며 이 세상 청년실업자들의 그 몽글몽글한 사리들을 애증으로 쓰다듬으며 담대하게 외치는 저 하이파이브를 우리는 어떤 시선으로 볼 수 있을까? 자문해 볼 일이다.

'품격 있는 성찰 수필'의 반열에 올려도 손색이 없을 것 같다. 이러한 애타 정신은 서두에서 언급한 오랜 세월 긴 속울음과 침묵의 사리를 간직하고 있기에 가능할 일이다. 수필이 모름지기 자기만의 개성의 꽃을 피워내야 하는 문학이어야 한다고들 하지만 이 작품처럼 자기 고백적 사유를 통해 아름다운 사회참여라는 인생론적 가치도 더불어 승화시켜 낼 수 있다면 멋진 수필 쓰기에 성공 할 수 있지 않을까?

〈고통과의 하이파이브〉가 청년실업 문제를 통해 본 사회적 고뇌를 어루만지는 고백성사였다면 〈아름다운 이별〉은 인간적 고뇌일 수밖에 없는 헤어짐의 문제를 아름다움이라는 역설적 관조로 글 속에 녹여내는 소재의 형상화 재치가 돋보인다. 무릇 수필이 붓 가는 대로 자유롭게 쓴 것처럼 써야 할 일이지만, 글 속에 자기 감정을 절제하면서 체험적인 고백사를 진솔하게 여과 없이 문학적으로 풀어놓을 수 있다는 것은 작가로서는 글쓰기를 떠나 부담스러운 일이다. 오늘날 작가가 수필문학계에서 주목을 받고 있는 것은 소위 '읽히는 수필'을 쓴다는 데 있다. 그 열쇠는 '감정을 원색적으로 드러내지 않는 진솔한 자기 고백' 글쓰기라는 타고난 재치와 기교에 있을 것이다. 그러하기에 이 작품에서처럼 문장 속에 개인적 사유와 철학을 진솔하게 녹여 낼 수만 있다면 수필의 전형인 '고백문학'으로서 좋은 평가를 받기에 충분할 것이다.

거칠고 마른 손, 한평생의 행한 궤적이 한 사람의 역사처럼 고스란히 어려 있는 손.
손의 표정이 얼굴의 표정보다 기억 속에 더 오래 각인된다는 것을 그때 알았다.

<아름다운 이별> 중에서

작가가 자신 인생의 팔 할이 "이별"임을 고백하고 있음은 이미 적었다. 흔들의자 위에 올려져 있던 거칠고 마른 어머니의 손을 통해 미처 준비하지 못한 이별에 대한 회한을 통해 그라시안의 말처럼 "태어난 모든 것은 기약조차 없는 이별을 준비하고 있어야 함"을 비로소 깨닫게 된다. 이별에 대한 체험은 여기서 멈추지 않는다. 여수로 가는 기차 안에서 아내의 영정사진을 가슴에 안고 있는 사내와의 우연한 만남을 통해 사랑하는 사람과의 준비되지 않은 운명적 헤어짐은 결국 이별의 아픔 속에서만 사랑의 깊이를 알게 된다는 관념을 알면서 "이별의 역설적 아름다움을" 이해하기 시작한다. 작가 자신이 겪어야 했을 사랑하는 사람과의 불편한 이별의 모습 또한 우리 모두의 이야기로 아픈 감정을 원색적으로 드러나 보이는 면이 없지 않으나 시와는 달리 수필을 대하

는 작가의 자기다운 개성을 꽃피우는 일이기에 자연스럽다.

> 꽃은 시간과 이별한다. 미처 준비되지 않았다고 떼를 쓴 적이 없다. 그저 묵묵히 꽃을 피우고 순순히 계절과 이별하는 꽃들에게 경의를 표한다. 아름다운 이별은 그 사실 자체에 있는 것이 아니라 때에 따라 물 주고 벌레 잡아주고 가꾸는 자신의 마음자리에서 꽃 피듯 피어나는 것이라는 것을
>
> <아름다운 이별> 중에서

이처럼 운명적인 또는 비운명적인 이별이든 헤어짐은 가슴 아픈 일임에도 작가는 역설적인 미학의 개념으로 바라본다. 꽃과 시간과의 이별을 통해 아름다운 이별의 진리를 비로소 깨닫게 되기까지에는 작가 60인생의 팔 할을 차지하고 있는 '이별'의 체험에 대한 사색과 통찰이 있기에 가능할 일이다.

〈천지가 꽃이다〉 역시 〈아름다운 이별〉일 수도 있는 "죽음의 미학"을 "시간의 순리"라는 철학적 인식으로 밥상 차려 내놓고 있는 따스한 명상수필이라 할 수 있다. 수필이 갖는

자유분방함이 반전을 도모하고 있음은 물론이다. 무엇보다 독자를 우선적으로 배려하고 그들의 다양한 느낌표의 나눔을 통해 궁극적으로 인생의 지혜를 깨우쳐 가는 상호 공감의 장을 할애하여 글 속에 남겨두려고 애쓴 흔적이 역력하다. 독자를 위해 차려진 작가의 배려된 그 공간은 지리산 산수유 꽃 천지인 환장할 어느 봄날로 안내한다.

> **주체할 수 없이 자지러지게 환한 이 봄날 천지가 노란색으로 환한 봄날 난 왜 '죽음'을 떠 올리는가?**
>
> <천지가 꽃이다> 중에서

작가가 체험한 이 환장할 봄날의 교태는 황당하게도 '죽음'이라는 철학적 문제에 촉수를 들이대고 만다. 소재를 다루는 작가의 사색과 응시가 날카롭다. 황석영 소설 속 간접경험을 통해 죽음을 의연하게 받아들이는 1405호 사형수를 통해 〈아름다운 이별〉에 대해 감화를 받으면서 인간에게 있어서 오직 유예받은 시간만이 진실이며 따라서 생은 단순한 점과 선들의 줄지은 보행만 있을 뿐이라는 철학적 사유를 독자와 나누고 싶어한다. 면접시험에서 떨어진 딸의 고통을 쓰다듬으며 〈고통과의 하이파이브〉를 외치는 모정은 눈물겹기까지 하다.

애증으로 쓰다듬는 문학이 곧 수필임을 독자들은 느꼈으리라.

3. 시적 수필로 담아 낸 인생철학의 고백성사

〈망해사〉를 통해 전형적인 시적 요소가 가미된 아름다운 수필의 맛을 경험하게 된다. 그것은 인생철학을 함께 담아 낸 고백이기에 멋스럽기까지 하다. 망해사 사찰 앞 천년 고목이 된 느티나무를 통해 오로지 마음속으로만 삭히고 인내해야 했을 고통의 세월의 흔적인 사리 고드름과 누각의 천년 침묵의 종은 곧 작가 자신의 투영이며 〈고통과의 하이파이브〉에서 만났던 하얀 목련의 몽글몽글한 "사리"와 도라지꽃 속에 "봉인된 가슴의 말"로 환치되어 시어적인 감정의 더미를 이룬다. 이처럼 지금까지의 작품들을 통해 공감했듯 이주리의 수필은 사물과 장소를 보는 눈길이 예사롭지 않다. 자기 감정의 적절한 절제는 물론이거니와 이를 넘어 시적 요소를 통해 미화시킬 수 있는 능력을 지니고 있기에 가능할 일이다. 특히 삶의 한계와 운명론을 다룸에 있어 체험과 이미지 구성의 절묘한 배합을 통해 자기만의 개성적인 수필영역을 구축해 가고 있다. 수필문학이 그를 주목하는 이유다. 말하자면 서두에서 언급한 것처럼 서정적 수필과 사유적 수필의 영역을 자유롭게 넘나드는 필력의 발현이 그에게는 가능하다는 것이다. 시인으로서 문장의 기교면에서 밖으로 드러내지 않는 시적 요소를 가미시킬 수 있는 수필 쓰기가 이주리 작가의 진면목을 대변해 주는 문학적 재산이라 할 수 있을 것이다.

천년, 만년 침묵 끝에 득음하던 날
그 가여운 응시도
욕정의 오래 참음도
풍경도 없는 네 귀퉁이 처마에 곱게 묻고
허공에 매단 비문도 없는 무덤 하나
망해사에 두고 올 거라네

<망해사> 중에서

작가는 〈망해사〉라는 시를 통해 수필 형식에서는 이끌어 낼 수 없었던 망해사의 절절한 아픔이자 자신의 아픔이라는 자기 감정의 시선을 억제하며 드러내고 있다. 수필을 통해 독자와 공감할 '사유'를 서정적 이미지로 그려내고 시적 요소를 풍미시킨 시리도록 아름다운 수필이다. 망해사의 아픔은 〈고통과의 하이파이브〉를 하는 아픔일 게다. 즉, 서두에서 짚어 본 "가슴의 말로만 봉인된 채 오랜 세월 긴 속울음과 침묵의 사리"로부터 돋아난 작가 자신의 인고의 아픔으로 환치시킬 수 있기 때문이다. 이처럼 자기 감정을 순수하게 미화시킬 수 있다면 맛있는 수필로 요리될 수 있음을 보여준다. 다만, 수필에서의 "자기 감정"의 억제 또는 꼬리를 어디쯤에서 잘라내 버려야 할 것인가의 문제는 중요하다. 서정적 수필이 대세인 현실에서 사유적 수필이 그 영역을 구축해 나가는 데 있어서 지향해야 할 과제 중의 하나임에는 틀림없다.

작가의 눈에 비친 〈촛불〉은 자신의 몸을 태워 밝히는 숭고한 희생의 이미지가 아니라 운명적으로 감수해야 할 예정된 "내면의 에너지로서의 희생이다." 이쯤에서도 작가의 인식 세계를 이해하지 못한 독자라면 소재에 대한 사색과 응시가 궤변적으로 들릴 수 있다.

> **나도 너처럼 뼈까지 타버린 어둠의 가슴에 갇혀 깜빡이며 사위고 있다**
>
> **<촛불> 중에서**

촛불처럼 사위어 가는 홀로 깜빡거리는 자화상. 그 저변에는 융합되어야 빛을 발하는 모든 불의 속성과는 달리 유독 혼자 타기를 원하는 촛불은 자신의 체험에서 우러난 〈아름다운 이별〉 같은 사리가 돋아나는 인고의 삶이 농축된 고백성사로 인해 독자는 비로소 그 궤변이 이해가 가고 고개가 끄덕여질 것이다. 이처럼 이주리 시적 수필은 "고독하고도 아름다운 슬픔"을 지닌 인생 고백의 미학적 서사시로 조용히 다가와 우리를 다독이는 휴머니티로 호흡을 같이하려 한다.

> **나는 상처받은 채, 존재 가치를 무시당한 채 오직 홀로일 자신이 없기 때문에 적당히 둥그러져서 융합되**

는 삶의 방식을 혐오한다. 불꽃처럼 처절히 홀로 타 고 싶다.

<촛불> 중에서

홀로 앉은 식탁 위 소주잔에 비친 독백과 회한은 촛불처럼 희생보다는 내면의 에너지로 홀로 버텨온 삶의 궤적들을 어루만지며 다만 조용히 다독여지고 있었다. 이 다섯 편의 순전한 자기체험의 고백사를 풀어놓은 그녀는 마지막으로 불꽃처럼 처절히 홀로 타야만 하는 자신을 애증으로 쓰다듬고 있을 뿐이다. 가스통 바슐라르의 아포리즘처럼 "촛불은 다만 위쪽을 향해 흐르는 모래시계임을 각인하면서…."

4. 맺음말

체험을 통한 사색과 철학을 만들어 낼 수 있는 멋스러운 수필은 어떤 모습이어야 할까? 나아가 아름다움이 있되 천박하지 않고 우리의 귓가에 진실만을 나지막하게 고백하고 속삭임할 수 있는 진정한 수필의 모습은 도대체 무엇일까?

이주리 작가가 진중하게 묻고 있는 질문의 요체였다. 결론적으로 이 다섯 작품의 사색 공간을 두 갈래로 나누어 거닐어 본 결과 건조한 수필이라는 프리즘 효과의 기대치 만족은 물론 촉촉한 고백적 담론으로서의 시적인 수필의 멋스러움에 대해 평자로서 만족한다.

구체적으로 휴머니즘으로 표백된 사색과 응시를 접할 수 있었고, 시적 수필로 담아 낸 인생철학의 고백성사에 귀를 기울일 수 있었다. 이는 바로 이주리 수필의 작품론을 받치고 있는 두 개의 기둥이라 할 수 있겠다. 본 수필 작품들을 대하는 독자들의 문학적 촉수는 어디쯤에 닿아 있을까? 그것은 온전한 독자 자신의 몫이다. 수필은 독자의 참여로 말미암아 완성된다고 한다. 추론컨대 독자들은 작가의 질문을 염두에 두고 그의 사유의 공간에 들어 자유롭게 헤엄치며 지금까지 본 작품론에서 언급했던 사색과 통찰에 덧댈 수 있는 자기만의 해답을 찾아내시기를 기대한다.

2020. 봄

문학평론가 라병훈

Contents

04 작품론

모성적 휴머니즘과 시적수필이 융합된 관조의 세계
<이주리 작품세계>
나병훈 (문학평론가)

하나

26 고통과의 하이파이브

32 촛불

40 아름다운 이별 2

47 선물

56 피아노와 플루트

68 어떤 이별

둘

78 시간의 강물

85 천지가 꽃이다

93 구두로 남은 나의 외삼촌 미당 서정주

108 뿌리의 사랑

116 사랑과 이별

123 손

셋

132 시소 (See–Saw)
139 수건
147 민원실 풍경
156 바람둥이 애인
166 민원실의 난
172 두 선배의 두 가지 맛

넷

180 망해사
186 울게 하소서
194 지상의 방 한 칸 2
214 잃어버린 마음 하나를 찾습니다
221 아름다운 이별 1
232 지상의 방 한 칸 1

3인의 에스프리 - 조윤주, 사공정숙, 설성제

242 그대들의 최후에도 봄이 놓일 것이다
245 꽃의 역사–이주리 수필집에 붙여 쓰다
248 고통과 함께 삶을 뛰어넘은 불꽃

하나,

수천의 실직자들이 내 앞을 지나갔다.
수만의 소리 없는 분노와 편견,
그리고 깊은 슬픔들이 내 옆에 머물다 갔다.
하루하루 견디었다.
달리 다른 방법이 없었으므로….
건조한 틀 속에서 잔인하게 전지되어
남은 청춘을 보냈다.
목련, 나도 이곳에서 만든 사리 두엇쯤
너처럼 가지에 달고 있었을 게다.

<고통과의 하이파이브> 중에서

고통과의 하이파이브

봄 내내 꽃들끼리 수신호를 주고받으며 꽃을 낳는 동안 난 언어들을 놓치고 있었다.

노동력이 곧 밥이 되는 시간, 내가 공문 더미 속에 파묻혀 있는 동안 언어들은 지문을 남기지 않았고 손을 그러쥐고 강물을 잡으려 할 때처럼 손가락 사이로 빠져나가는 문장들….

시간은 스스로 탈락의 초인종을 누르고는 사라졌고 더러는 체념의 중력 작용으로 떨어지기도 했다.

하루 중 가장 많은 시간을 머무르는 곳, 내 일터.

퇴근 시간, 직장 화단에서 목련이 삭발한 것을 보았다. 아마도 시설 관리인이 상부 지시를 받아 보름달처럼 환한 꽃을 단 나무의 가지를 전지했을 것이다. 잔인한 전지. 마음껏 햇빛 속에 가지를 펼치지 못하고, 마음속에 온기라곤 찾아볼 수 없는 네모반듯한 기준만 있는 정원사에게 싹둑싹둑 삭발당한 목련. 저 획일적인 동그란 틀, 틀, 틀! 공문만큼이나 정확하고 건조한 하늘 아래 놓여진 저 틀! 영혼의 자유를 구속하는 가차 없는 가위질.

목련, 너는 바람과 햇빛과 엥엥 날아다니는 벌들과 밤이면 청량한 공기 속으로 쏟아지는 별들이 있는 곳에 있지 못하고, 어울리지 않는 곳, 저 견고한 틀 속에 자신의 몸과 영혼을 묶고서 자신의 자유를 월급과 바꾸어버린 대가를 지불하고서야 비로소 저 화단에 존재할 수 있는 자격을 얻었구나. 얼마나 안으로 안으로 몸부림 쳤으면, 얼마나 영혼의 굴레에 속앓이를 했으면 가지에 저리 몽글몽글 사리를 달고 있을까?

영혼은 까맣게 탈진했어도 저녁 어스름에 상처를 딛고 핀 환한 꽃!

마흔에 이곳에 들어와 아이 둘을 길렀다. 여섯 살, 열 살의 아이 둘은 이제 대학생과 직장인이 되어 있었다. 수천의 실직자들이 내 앞을 지나갔다. 수만의 소리 없는 분노와 편견, 그리고 깊은 슬픔들이 내 옆에 머물다 갔다. 하루하루 견디었다. 달리 다른 방법이 없었으므로….

건조한 틀 속에서 잔인하게 전지되어 남은 청춘을 보냈다. 목련, 나도 이곳에서 만든 사리 두엇쯤 너처럼 가지에 달고 있었을 게다. 저 사무실에서.

아무리 상황이 힘들어도 내 직장을 찾는 실직자들과 일용근로자들보다는 덜 절박할 것이다. 생존의 위협에 속수무책인 가장과, 현실의 눈치를 볼 수밖에 없는 청년들, 추운 날 젖먹이 어린아이들을 굶길지도 모른다는 여성 가장들의 공포에 비하면 나의 현실은 어쩌면 사치일지도 모른다.

나는 지난봄 이런 시를 썼다. 사회문제가 되고 있는 청년 실업. 내 업무인 청년드림팀의 업무와 더불어 나의 민원인들에게 감정의 합일이 된 시였다.

가방 안의 역사 / 이주리

가방을 국경으로
바깥 나라는 온통 연두,
꽃들이 차고 넘치는데
가방 안 나라는 이력서만 팔십 개
뉴스는 청년실업을 목청껏 외치지만
가방 안 사정에 대해선 아무것도 모른다
걸음 옮길 때마다
소리 없이 흘러내리는 내 청춘
기억을 물어뜯고 싶던 날
부서지는 자아는 통증을 모르는 척했다
대기업 취업되었다고 술 사주는 친구 녀석과
공무원 시험 합격했다고 저녁 사주는 애인과
숯불갈비 입에 구겨 넣은 채
짝짝짝 서글픈 박수 소주잔에 구겨 넣고
돌아오는 골목길에 훔쳤던 눈물, 가방 안 나라
역사처럼 간직해온 줄 그 누가 알까

시로써, 수필로써 그들의 아픔을 그려내기에는 역부족이었다. 무엇보다 아침 9시 출근하면 직업지도 강의가 끝나는 시간은 오후 5시, 이때부턴 쉴 새 없는 민원전화와 상담, 6시가 지나면 야근을 하며 전산입력, 공문작성, 보고 업무…. 어둠이 내리고 10시가 넘어 퇴근하는 이것이 내 하루의 풍경이었다. 직장인이라면 누구나 고유의 업무들을 해내야 하는 것은 당연한 일이었으나 문득 오늘 만난 민원인들의 얼굴이 떠오르곤 했을 때 또 다른 아픔에 마음이 아렸다. 민원인들의 사연을 듣고 상담을 통해 그들의 고통과 아픔을 해결해 줄 수 없다는 자괴감도 들었다.

백 만 년 만에 일찍 퇴근 후 오송제 숲길을 들렀다. 거기엔 목련 나무 한 그루 봄의 조명처럼 피어 있었고, 오종종하게 잘 가꾸어진 텃밭이 있었다. 누구의 텃밭이 이리 따스할까? 바람에게 손 흔드는 바람개비, 열매가 무거워 척추가 휜 토마토에 기꺼이 목발 되어준 바지랑대….

얼굴 모르는 그 손길이 머리카락을 쓰다듬고 있어 봉인된 가슴의 말, 살면서 하지 못했던 말, 도라지꽃 속에 흘려 넣으면 청보랏빛 종소리로 댕댕댕 퍼질 것만 같다.

고통으로부터 누구나 자유로울 수 없지만 우리도 더 고통스러운 사람을 덜 고통스러운 쪽에서 부축할 수 있지 않을까? 우린 모두가 얼마만큼씩은 서로 부축할 수 있다. 나눈다는 행위를 통해.

나눈다는 것은 얼마나 아름다운가? 돈이 많은 사람은 돈도 나누고, 체력이 강한 사람은 노동력도 나누고, 유익한 정보를 잘 알고 있는 사람은 정보도 나누고, 재능도 나누고, 정서도 나눌 수 있다. 가진 것 없지만 잘 찾아보면 서로 나눌 수 있는 것은 얼마든지 있다. 저 텃밭의 생물들은 서로가 서로를 부축하며 평화가 잠복 중인 햇빛 속에 서 있다.

그 여음, 숲의 귓불을 간질이듯 일랑일랑….

잊혀진 상처의 늙은 자리는 환하다
환하고 아프다

-허수경 시 〈공터의 사랑〉 부분

집에 돌아와 시집을 편다. 시어들이 올망졸망 오송제 숲길 옆 텃밭처럼 따스하다. 나는 어느새 오른손을 들어 고통과 하이파이브를 하고 있었다.

(2017년 作 · 2019년 3월 《수필세계》 게재)

촛불

하루의 뒷모습을 보는 시간이다. 일상이 낮은 한숨을 쉬며 눕는 시간, 나는 가만히 눈을 감았다. 주위는 눈동자 하나도 느낄 수 없는 어둠이다. 어둠과 홀로 대면하는 설렘, 그것은 급행열차와도 같은 일상에서 간이역에 내려 스치는 바람과 열차 자체의 속도감에 다쳤던 가슴을 다독이며 헝클어진 머리를 정리하는 나만의 시간이다.

방학을 맞은 아이들이 자는 시간이 늦어진 관계로 직장일과 집안일에 지친 하루를 마감하고 내 마음과 마주하는 유일한 시간이 없어져 버렸다. 아이들에게 짐짓 큰 소리로 게

으른 생활 태도를 나무라며 억지로 재워놓고라도 난 이 시간을 즐겨야 했다. 그렇지 않으면 비타민이 부족해 빈혈에 걸린 내 영혼은 햇빛을 바로 볼 수 없는 상태가 되어버리니 말이다.

바로 그 시간 초는 우연히 내 눈에 띄었다. 딸아이의 생일에 단 한 번 불을 켜고 생일 축하 노래가 끝난 것으로 제 할 일을 다한 가느다란 초 몇 개가 무심히 식탁 위에 누워있다. 쓰레기통에 버리자니 색깔이며 모양이 예뻐서 너무 아깝다는 생각에서였을까? 반쯤 버려진 상태의 쓰다 만 초에 이상하게도 연민이 인다.

어디 있을까? 집에 담배 피우는 사람이 없으니 라이터가 없는 건 당연했다. 구석구석 성냥을 찾았으나 찾지 못하고 에라, 모르겠다 포기하고 있을 때 전자레인지 뒤에 유황이 아기 똥처럼 조금 붙어있는 케익용 성냥이 눈에 들어왔다.

우리 인생도 그런 게 아닐까? 마음먹고 어떤 일을 하려고 해도 바로 그때 준비가 되어있지 않아 주저앉고 마는……. 한편으론 준비된 것이 아니라 할지라도 옆에 있다가 눈에 띄어 불을 밝히는 일과 같은 엄청난 우연. 살다 보니 내 앞의 길이 갑자기 없어져 버리는 일도 있었고, 생각지도 않았던 새로운 길이 생기기도 하였다.

단 한 개 남아있는 성냥으로 불을 붙였다. 나와 내 숨소리만 들리는 정적. 주위의 것들이 어둠에 묻혀있는 동안 희미한 조도에도 불구하고 반경 몇 미터 안의 것들만이 희열처럼 선명하게 비춰지고 있었다. 단 몇 분의 고요와 평화를 마음껏 즐겼다.

흔히 촛불을 희생에 비유하곤 한다. 자신의 몸을 태워 불을 밝히는 희생은 숭고하다. 그것은 단순히 공기 중의 산화라는 화학작용만은 아님을 증명이라도 하듯 시린 촛농에 말없이 한평생의 삶을 실려 보내며 침묵으로 타고 있었다. 끊일 듯 이어지는 그 희미한 생명력 앞에, 자신의 몸을 태워 불을 밝히는 숭고한 희생 앞에 왜 나는 이 시간 무릎을 꿇고 싶은 걸까?

그러나 나는 촛불의 그런 조용하고도 여성적인 희생정신에 짐짓 이단아가 되고 싶다.

촛불은 몸이 타는 것이 운명이므로 그 희생은 어찌 보면 당연한 것일지도 모른다. 희생은 촛불의 주위에 있는 것들의 관점에서 본 것일지도 모른다. 촛불 입장에서는 오직 타고 있다는 것 자체가 그의 본성이며 그의 의무이며 그의 삶의 방식이 아닐까 하는 약간의 궤변을 가슴 안에 들여놓고 싶은 것이다.

가스통 바슐라르의 아포리즘 몇 개를 기억의 그물에서 건져본다

“불꽃은 젖어 있는 불이다.”

“불꽃은 위쪽을 향해서 흐르는 모래시계다.”

난 촛불의 희생정신보다는 내면의 에너지에 초점을 맞추고 싶다.

인생은 마치 자기 스스로를 소재로 하면서 빛을 얻기 위해 항상 위를 향해 타고 있는 불꽃과 같다. 모든 불의 속성은 융합을 좋아한다고 한다. 그런데 유독 촛불만은 혼자 타기를 원한다.

기억 속에 유년의 뜨락을 서성이는 시간 즈음 불장난하면 오줌 싼다는 할머니 말씀을 귓등으로 흘리며 두 개의 촛불을 합쳐보았던 기억이 있었다. 처음엔 합쳐지는 것 같아 보여도 다시 거리를 두면 언제 그랬나 싶게 처음처럼 두 개의 촛불은 너무도 서슬푸르게 혼자였다. 어쩌다 바람이 불게 되면 한쪽이 꺼져버리는 경우가 있어도 촛불은 융합을 좋아하

지 않는 듯 보였다.

혼자 타면서 혼자 꿈꾸는 것, 이것이 인간 본래의 모습이며 인생을 사는 원초적 모습 그 자체가 아닐까?

또한 바슐라르는 불꽃은 위쪽을 향해서 흐르는 모래시계라고 말했다.

모래시계는 천천히 그리고 어김없이 아래로 흐른다. 불꽃의 역동적인 에너지는 그런 당연한 것을 거스르고 위로 흐르게 하는 독특하고 열정적인 에너지임을 발견한다

아, 선물용 양초를 찾았다. 크리스마스 때 큰애가 내게 선물했던 향내 나는 빨간 양초에 불을 붙이고 작고 연약한 케이크용 초를 쉬게 해주었다. 싱크대 찬장 위에서 소주잔 하나, 냉장고 속 남아있던 소주 한 병을 꺼냈다. 식탁 위엔 마음껏 태우지 못하고 거센 바람 앞에, 다소 거친 숨결 앞에 무방비 상태로 놓여진 나의 생이 조용히 타고 있었다. 마음껏 분출할 수 없었던 내 에너지가 이 밤 촛불이 되어 겨우 한 촉 밝기의 조도로 졸고 있다. 문득 촛불 앞 말간 소주잔 안에 내 지나간 시간이 보인다.

"난 더 이상 견딜 수 없어. 자기와 다시 밥 먹고 같이 잠자

고 아무 일 없었다는 듯 해낼 자신이 없단 말이야. 제발 부탁이니 당분간 우리 좀 떨어져 있어 보자. 내게 자기 없이 생각할 시간을 줄 수 없어?"

나는 그에게 될 수 있는 한 감정이 배제된 목소리로 말했다.

결혼과 함께 시작되었던 유학 생활을 거쳐 귀국해서도 그는 여전히 내게 커다란 세계였다. 지나치다 싶을 만큼 정성을 기울여 이루었던 내 한 세계가 그렇게 쓰러지고 있었다. 그동안 그에 대한 믿음이 오히려 송곳이 되어 나를 찔렀다. 이상스레 화도 나지 않았다.

차가운 내 말에 "잘못했다고 했잖아. 얼마나 더해야 용서해줄래. 차라리 화를 내라, 주리야. 정말 죽겠다." 하는 남편의 모습도 보인다.

창밖에서 바람이 불었다. 촛불이 꺼질 듯 꺼질 듯하다. 불꽃의 눈동자가 의식을 잃고 가물가물하다. 갑자기 마음이 급해졌다.

둘이 갈라설 때, 아이들에게 애정이 더 많은 쪽보다 재력과 직장이 있는 쪽으로 친권과 양육권이 주어진다는 법을 누가 만들었을까? 아이들을 빼앗기지 않기 위해 뒤늦게 이력서와 자기소개서를 들고 다니며 싱싱한 이십대 사이에서 면접을 보던 지난날 초라한 내 모습이 보인다.

촛불이 지지직 낮은 소리를 낸다. 눈을 한번 깜박이면 그대로 촛불이 사그라들 것 같아 눈물이 나도록 눈을 크게 뜨고 그것을 바라보았다.

몇 년 전 낮엔 직장에서, 밤엔 학원에서 강의를 해야 했던 지친 내 모습이 보인다. 열세 시간 일 끝의 하루가 가까스로 닫힌 귀갓길, 문득 하늘을 보면 전봇대와 전봇대 사이 검은 전선이 가르고 간 하늘 저편에 별빛이 숨어서 나를 보고 있었다.

추운날 퇴근길. 내 아이들이 자고 있을 아파트. 따뜻한 불빛이 새어 나오고 있던 창문을 올려다보고 있는 내 모습도 보인다.

조금 있으면 촛불의 임종을 볼 것이다. 가슴이 독한 진통제를 먹은 것처럼 쓰리다.

마지막으로 소주잔을 기울여 다시 촛불을 보았다.

말간 유리 안에 촛불이 들어와 앉아 있다.

다시 노발리스의 아포리즘 몇개를 떠올려본다.

"나무는 꽃피는 불꽃, 인간은 말하는 불꽃, 동물은 떠돌아다니는 불꽃이다."

모든 생물체를 불꽃의 배설물로 보는 극단적인 그의 시각이 왜 이리 가슴에 깊이 각인되는 것일까?

나는 상처받은 채, 존재가치를 무시당한 채 오직 홀로일 자신이 없기 때문에 적당히 둥그러져서 융합되는 삶의 방식을 혐오한다.

불꽃처럼 처절히 홀로 타고 싶다. 내게 주워진 모든 사람과 사물을 조용히 비추이며 자신이 타는 동안 전력을 다해 어둠의 뼈까지 태워버리는 그 역동의 에너지로, 모래시계를 위로 흐르게 하는 힘으로 삶이란 먼 길을 가기를 원한다.

그리고는 어느 날 無의 세계로 아무렇지도 않게 뚜벅뚜벅 걸어 돌아가고 싶다. 모든 생명체는 순간순간 창조의 가치를 획득하며 촛불처럼 타고 있을 뿐이다.

촛불은 마침내 꺼졌고 나는 어둠 속에 오래오래 앉아있었다.

(2007. 현대문학수필작가회 e-수필 신인상 당선작 · 수필의 끈을 풀다 게재)

아름다운 이별 2

내 인생의 팔 할은 '이별'이다.

별들도 새벽이 되면 사라지듯, 손톱 끝에 물들였던 봉숭아 물도 계절이 지나면 사라지듯, 손톱이 자라면 봉숭아 물은 점점 사라진다. 아이가 조금씩 자라면 나는 조금씩 사라져 갔다. 내가 조금씩 자랐을 때 엄마도 조금씩 사라져 갔을 것이다. 저 조금씩의 사라짐에 대해 그저 자연의 이치라고 단순히 새기기에는 너무 아픈 것들이 인생엔 있다.

엄마가 돌아가셨을 때였다. 몸에서 여전히 온기가 느껴져 숨이 거두어졌다는 실감이 나지 않았을 때 흔들의자 위에 올려져 있던 그 손을 보았다. 거칠고 마른 손. 한평생의 행한 궤적이 한 사람의 역사처럼 고스란히 어려 있는 손, 손의 표정이 얼굴의 표정보다 기억 속에 더 오래 각인된다는 것을 그때 알았다. 내 나이 서른, 나는 그 손과 이별할 준비를 미처 하지 못했다. 그 손으로 나를 위한 밥을 짓고, 그 손으로 모든 위험 요소로부터 나를 보호했던 그 손길을 다시는 느끼지 못할 거라는 막막함과 평생 엄마 자신만을 위한 휴식과 자신만을 위한 시간을 가지지 못할 채 한생이 노을처럼 스러지는 안타까움이 한순간에 몰려왔다. 많은 세월이 지난 지금 다시 생각해본다. 앞으로 누구도 살아서는 갈 수 없는 그 깊고 어두운 강물을 건너는 길을 나도 언젠가는 걷고 있으리라. 내 아이들도 나의 손과 미처 이별을 준비하지 못한 채 나와 이별을 하며 같은 생각을 하리라.

밥 / 이주리

밥상 위의 밥그릇 두 개
엄마, 가슴 두 쪽 잘라 진설한 순교

하루도 빠짐없는 저 밥의 힘

하루치 사용할 피를 수혈한다

가족을 신앙으로 가졌던 그녀의 손이

경전 위에서 탁탁탁, 파를 썬다

염원의 목탁 소리, 보글보글

찌개 그릇으로 스민다

대문 밖 발설치 못한 내력들을 싸매주는

붕대는 젖어 있다

실적 시원찮다고

나이 어린 팀장에게 얻어터진 아빠

모의고사 성적 뚝 떨어져

옥상 위를 오락가락하던 아들

애인에게 차인 딸의 가파른 자존심의 벼랑에도

밥은 눈으로 내린다

생의 출혈은 밥으로 싸매진다

밥은 영혼의 적십자

언제든 저 밥은 저 홀로

천국의 장독대로부터 걸어 나온다

문예지 《미당문학》에 게재된 나의 졸시다. 이런 엄마와의 이별은 내 인생에서 자연의 이치라고 순순히 받아들이기 어려운 이별이었다. 보내주지 못하겠다고 하나님께 몇날 며칠 떼를 써서라도 되돌리고 싶은 이별이었다.

며칠 전 전주에서 여수로 가는 기차를 탔다. 기차에서 대각선 옆으로 앞자리에 술 취한 듯한 사내가 탔다. 그는 영정사진을 가슴에 안고 있다. 그리고 스피커폰으로 녹음된 통화내용을 반복해서 듣고 있다. 때로 혼잣말을 중얼거린다. "여보, 잘 가요. 나도 곧 따라갈 테니." 나는 그의 바로 뒤쪽에 앉았으므로 그의 스피커폰 내용을 잘 들을 수밖에 없었다. 전화 통화내용에 따르면 사내는 재혼한 아내의 49재가 되는 날, 여수로 가는 기차를 탔다. 죽은 아내의 자식들은 사내에게 엄마의 집에 손도 대지 못하게 하고 아마 맨몸으로 그 집을 나와야 했던 것 같다. 사내의 처제로 추정되는 다른 여인은 스피커폰에서 이렇게 말한다. "언니가 남긴 집은 빚 갚고 나면 몇 푼 되지도 않아요. 자식들에게 그냥 순순히 주고 형부는 어디 가서든 건강히 잘 지내세요." 승객들은 그를 단순한 취객 취급을 하는 눈빛을 보내고 있었다. 승무원이 왔다. 다른 승객들에게 방해가 되니 스피커폰을 꺼 달라고 요구했다. 그는 자신이 한쪽 귀가 완전히 먹었다고 말했다. 그래서 스피커폰이 아니면 잘 듣지 못한다고 말했다. 그리고 승무원에게 묻는다. “이 사람 참 예쁘지요?” 승무원의 눈에도 살짝 습기가 어린다. 승무원은 “예.”라고 대답한다. 망자에 대한 예의와 살아있는 인간에 대한 애정이 그 짧은 대답 안에 숨어있다. “우리 집사람은 쉰다섯이에요. 저는 쉰일곱이고요. 어디 아픈 데도 없이 갑자기 죽었어요. 왜 그랬을까요?” 그는 승무원에게 말했지만 허공에 질문을 하는 것 같았다.

사랑하는 아내를 갑자기 잃은 상실감과 미처 준비되지 못했던 이별에 그는 삶의 방향을 잃어버리고 부표처럼 흔들리고 있었다. 어쩌면 스피커폰은 세상을 향한 부르짖음, 자신이 너무 아프니 날 좀 구원해달라는 구조 시그널이었는지도 모르겠다. 그가 아까 말한 혼잣말에 “나도 곧 따라갈 테니….” 혹시 이 사람이 여수 바닷가에 가서 극단적인 선택을 할지도 모른다는 생각에 마음이 급해졌다. 나는 아까의 승무원에게 방송실 근처로 가서 말했다. “저분 어쩌면 자살할지도 모르겠어요. 어떻게 방법이 없을까요?” 그는 말했다.

"제가 저분과 좀 더 얘기해보고 자살방지기관에 전화해 볼께요." 그의 선량한 눈빛에 안도가 되었다.

삼십여 년 전, 나도 사랑하는 사람을 잃었다. 죽음으로써의 이별 같으면 내 가슴속에 영원히 지지 않는 '별'로 간직했을 것이다. 난 당시 철저한 배신과 인간의 밑바닥을 통렬하게 들여다보았다. 이렇게 폐허가 된 마음에도 세월이 지나면 꽃이 지듯 아픔도 사라지고 또 다른 봄이 와 꽃을 피울 거라는 사실을 짐작도 못했던 시간이었다. 그 긴 터널을 지나며 때로 여천 가는 기차를 타고 바다를 보러 갔었다.

그 붉던 마음, 어디로 갔을까? 페퍼민트 같았던 나날들은 또 어디로 사라졌을까?

꽃의 계절인 봄도 미세먼지로 몸살을 앓고 있다. 꽃들의 집단을 보며 마음의 주름이 펴질 것 같은 기분이었다. 단편소설처럼 인간 마음의 밑바닥을 내 인생에서 보아야 했던 요즈음이었다. 이때 내 마음의 주름과 마음의 습기를 말려준 것은 꽃이었다. 아무것도 관여하지 않지만 누구에게든 나누어주는 꽃이라는 존재. 그들의 무심하고 환한 관심. 꽃들이 감기에 걸려 쿨럭거리는 차창 밖의 풍경도 스르르 지나갔다. 과거라는 것은 언제나 시간의 판화가 된다.

꽃은 시간과 기꺼이 이별한다. 미처 준비되지 않았다고 떼를 쓴 적이 없다. 그저 묵묵히 꽃을 피우고 순순히 계절과 이별하는 꽃들에게 경의를 표한다.

세월이 지난 후 알았다. 아름다운 이별은 그 사실 자체에 있는 것이 아니라 때에 따라 물 주고 벌레 잡아주고 가꾸는 자신의 마음자리에서 꽃 피듯 피어나는 것이라는 것을.

나는 문태준 시인의 이 구절을 마음을 닦듯 가끔 들여다본다.

"본래 있던 곳을 잘 기억하고 있다. 궁극에는 돌려보내야 할 것이므로…."

(2019년도 作 · 2019 《한국문인》 특집 〈내 인생의 팔 할은〉 게재)

선물

인생은 좌표 위의 점인가?

고등학교 시절, X축 Y축 위의 점 하나에서 얼마만큼 이동했을 때의 함수관계를 식으로 풀어내던 생각이 난다. 그땐 점수가 곧 인생이라고 생각했기 때문에 그 문제의 해결 과정과 결과에만 관심이 갔었는데 이제 세월이 지나 좌표 위에서 인생이 보이니 나이가 먹긴 먹었나 보다.

전엔 인생이 입체도형이라고 생각했었다. 그러다 아니야, 평면도형쯤일걸, 하다가 좀 더 살아보니 적어도 선일 거라는 생각이 들었다. 그런데 요즈음에 와서는 인생은 하나의 점이라 생각되기도 한다. 이주리, 네가 얼마나 살았다고 선이니 점이니 한단 말이냐 하고 누군가가 묻는다면 난 할말을 잃을 것이 틀림없다. 그러나 나는 안다. 이미 가로축 세로축이 정해진 축에 좌표를 점점이 찍고 마침내 마침표를 찍으면 그만일 우슬초(牛膝草) 같은 인생이라는 걸.

일상이 권태롭고 짜증 나며 삶이 소금이나 조미료도 넣지 않은 음식처럼 밋밋하고 심심할 때, 풀풀 나는 먼지와 함께 가슴이 바삭하게 건조할 때, 그러니까 한마디로 '마음은 사막'이 되어버릴 때 청량한 물 한 바가지 먹는 맛. 몸을 기계로 비유해보면 하도 여기저기 많이 사용하여 모터도 돌아가기 힘들어하고 부품 하나하나가 빡빡할 때 볼트를 다시 조이고 부드럽게 기름칠을 하는 것처럼, 긴 인생의 길목에서 그런 역할을 해주는 것 중의 하나가 선물이 아닐까.

모젤강 산책로 숲속 돌 위에 돌탑을 쌓으며 견디던 그 시절. 우리는 서로의 필요에 의해 결혼했고 참으로 진하게 사랑하며 결혼생활을 한 유학생 부부였다. 둘 중 누군가 수업이 일찍 끝나면 저녁밥을 지어야 했는데 부엌일에 소질도 없고 노력도 하지 않던 나는 종종 수업이 그보다 일찍 끝나도

도서관으로 가서 저녁밥을 짓는 일보다 훨씬 재미있는 공부를 하거나, 독일어로 된 소설을 읽곤 했었다.

내가 주부로서의 할 일을 다 못하고 게다가 그건 내 일이 아니라고 생각했었던 철없는 내 행동을 그는 처음엔 넓은 마음으로 이해하여 주었다. 그도 그럴 것이 내가 지은 밥을 먹기란 굶는 것보다도 못할 정도였지만 맛있게 먹어주어야 하는 고역이 오죽했으랴. 차라리 그가 밥을 짓고 내가 맛있게 먹어주는 것을 기쁨으로 여길 정도였다.

모처럼의 홀가분한 휴일. 남편은 한국인 모임 중 남자들끼리만 모젤강을 따라 자전거로 하이킹을 가서 축구시합을 하기로 했다. 혼자 남겨질 나를 염려해서 같이 가자던 그의 등을 떠밀고 기숙사에 혼자 남겨진 나는 그런 그에게 제대로 담근 김치를 선물하고 싶은 생각이 들었다. 김치는커녕 밥도 해본 적이 없던 나에게 그것은 일종의 상상력과 창의력, 응용력을 총망라한 사고의 결정체여야 했다는 건 긴 설명이 필요 없다.

김치를 소금에 절인다는 개념조차 몰랐던 나는 김치에 약간의 김칫국물이 있음을 감안하여 물을 조금 넣고 길쭉한 차이나 배추를 먹기 좋게 썰어놓은 다음, 마늘 · 파 · 당근으로 양념을 만들었다. 문제는 고춧가루였다. 시어머님이 고춧가루를 싸주시며 "다음 번엔 비행기로 부칠 테니 아껴 먹어라." 하시던 당부 말씀이 떠올랐다. 갑자기 고춧가루가 아깝다는 생각이 들었다.

고춧가루를 대신할 빨간색을 찾다보니 케첩이 뇌리를 스쳤다. 시각적인 효과를 높이기 위해 노란색은 치즈로 대신했다. 드디어 배추를 버무렸다.

맛을 보니 이상야릇한 맛이긴 했지만 모양새는 너무 예쁜 김치가 되어있었다. 그가 돌아올 시간만을 기다리며 내 생애 최초의 저녁식탁을 차리고 있던 난 참 행복했었다. 그는 돌아올 때 밀짚모자 가득 들꽃을 꺾어왔다. 정말 기쁜 선물이었다. 꽃을 받고 어린애처럼 기뻐서 눈물까지 글썽이면서, "참, 나도 선물이 있는데…." 하며 그 '창작 김치'를 곁들인 저녁 식탁을 그에게 선물했다.

그는 딱 한 젓가락만 먹었을 뿐 두 번 다시 먹지 않았다. 난 그 길로 울면서 모젤강으로 뛰어가며 울었다. 영문도 모르고 우는 여자를 어떻게 달래야 할지 그는 당황해 하면서 내 뒤를 뒤쫓아왔다. "도대체 왜 그러는 거야? 응? 말이나 해야 알지!" 결혼 후 나의 첫 번째 선물이었다.

두 번째 선물 이야기. 우린 퍽 가난했다. 부모를 잘 만난 여느 유학생들처럼 BMW차를 몰고 다니거나 방학 동안엔 모로코로 여행을 떠나는 그런 사람들이 아니더라도, 적어도 집세 내고 의료보험료 내며, 가끔 기분 날 땐 레스토랑에서 저녁 식사도 하고, 방학 땐 저렴한 학생을 위한 여행도 할 수 있는 보통의 유학생보다도 훨씬 가난했다.

처음엔 난 가난이 재미있었다. 1마르크 50페니, 하루에 왕복 3마르크를 아끼기 위해 버스 통학을 하지 않고 고물 자전거로 나까지 뒤에 태우고 트리어대학의 그 높은 오르막과 내리막을 하루 두 번 오르내렸던 남편. 그 고물 자전거는 내가 선물한 것이었다. 난 방과 후에 하루 두 시간씩 그리스 레스토랑에서 외모가 나이보다 어리게 보인 탓에 전격적으로 서빙하는 메첸(소녀)으로 취직할 수 있었다. 독일인은 물론이고, 그리스인들은 가끔 내게 나이가 몇 살이냐고 묻고선 냉큼 대답하지 않으면 "짚찐(17살)?" 하고 스스로 결론을 내리고, 스물일곱 살이라고 하면 신기해 하곤 했었다. 실제로 스물일곱 살의 한국여자가 꼭 열일곱 살처럼 검은 머리를 따고 앞치마 입고 서빙한다는 소문이 나서 호기심에 가득 찬 독일인들과 근처 국적 불명의 남자들이 그 식당을 찾아주곤 했었다.

그 날도 서툰 영어와 독일어로 주문을 받고 있는데 그리스인이었을까? 흔히 미술학원에서 데생의 모델인 아그리파 같은 조각상을 닮은 젊은 남자는 늘 같은 자리에 앉아서 식사를 하곤 했다. 어느 날 그는 꼭 그 자리에서 '짚찐 메첸(열일곱 소녀)'을 불렀다. 그는 내게 작은 쪽지를 주었는데, 주방에 와서 펴보니 이렇게 쓰여져 있었다.

"나, 열일곱 소녀를 기꺼이 갖기를 원합니다." 독일어에 서툰 나는 그렇게 번역할 수밖에 없었다. 그 길로 나는 앞치마를 벗고 울면서 그 식당을 뛰쳐나오고 말았다. 결국 나의 짧은 아르바이트는 그것으로 끝났다. 남편에게 새 자전거를 사주고 싶었던 나는 중고자전거로 만족할 수밖에 없었다. 물론 남편에겐 그런 말을 하지 않았다. 하지만 얼마나 울었는지, 퉁퉁 부은 눈으로 밤새도록 울기만 하는 나를 남편은 영문도 모르고 달래주었다.

훗날, 독일어에 다소 익숙하고 난 뒤에 깨달았다. "Ich hab' dich gern!"은 직역하면 "나는 기꺼이 당신을 갖기를 원합니다."가 되지만 의역하면 "나는 당신을 좋아합니다."라는 퍽 낭만적이고 정신적인 표현이라는 것을.

마지막으로, 내가 그에게 가장 큰 선물을 주었던 것은 이름도 퍽 유명한 엘리자베스 병원에서였다. 나의 공부 욕심 때문에 아이를 그렇게도 원했던 남편 몰래 피임을 하고, 아이 갖는 것을 미루고 있었다. 그런 상황에서 나는 임신이 기쁘기도 했지만 정말 암담하기도 했다. 이 가난한 유학 생활에 공부하면서 어떻게 아이를 키울까 생각하니 암담했다. 그냥 한국으로 가서 아이를 지울까 하는 생각까지 하고 있었다. 그곳에선 낙태 수술이란 단어조차 없었기 때문이다.

그러나, 내 안에 생긴 생명의 소중함이 한 여자로서, 한 인간으로서의 삶보다 소중하다는 결론을 내리고 아이를 갖기로 마음먹었다. 배 안에서 커 가는 아이의 존재를 느끼며 참 행복한 나날을 보낼 수 있었다. 긴 기다림과 설렘, 건강한 아이와의 첫 대면을 기다리노라니 가슴이 뛰었다.

그런데 산전검사를 받으며 전치태반이었음을 알게 되었다. 위치상으로 심한 것은 아니었지만 여차한 순간엔 출혈이 심해져서 죽을 수도 있다는 것이었다. 막달이 되자 아이는 제대로 위치를 잡긴 했는데 아주 애매한 위치여서 처음엔 자연분만을 유도하다가 더 이상 위험해지면 제왕절개를 하는 것으로 결정이 났다. 그리고 그 죽음에 병원 측에서는 책임이 없다는 내용의 서약서까지 쓰고 출산에 들어갔다. 무통분만이라고 척추에 주사를 놓으면 분만의 통증이 경감된다는 의사의 말에도 불구하고 아이에게 조그마한 영향이라도 미칠까봐 무통 주사도 맞지 않은 채 목숨을 걸고 남편과 함께 분만실로 들어갔다.

하루 24시간하고도 꼬박 여섯시간의 진통에도 아이는 나올 기미조차 보이지 않았다. 의사는 아이가 나오는 문이 열리지 않는다고 분만실 침대에 누워있지 말고 복도를 걸으라고 했다. 진통이 시작되면 걸음은커녕 허리도 못 펴고 지독한 통증에 시달리는데 복도를 자꾸 걸으라니…. 내가 정신을 잃자 남편은 미친 듯이 화를 내고 오토 박사의 멱살까지 잡았다고 한다.

하여간 산소마스크를 쓰고 거의 죽음의 순간에 딸은 세상의 빛을 보았다. 내가 정신을 차리고 보니 이번엔 남편이 바닥에 쓰러져 있었다. 아이 낳는 아내를 보는 것만으로 너무 힘들어 정신을 잃은 심약한 남자라고 두고두고 독일 간호사들은 쑥덕거리며 놀려댔었다. 우리는 결국 회복실에서 나란히 누워서 링거를 맞으며 뜨거운 눈물을 흘렸다.

"주리야, 고마워. 세상에서 젤 큰 선물이야!"

세상에서 제일 큰 선물인 딸은 지금 나를 마녀라고 부른다. 여드름이 이마에 송송 난 다소 건방지고 통통 튀는 딸이지만 나는 그런 딸을 주신 하나님께 감사드린다. 거기다 아주 섬세하고 자상하며, 한 번도 공부를 봐준 적이 없음에도 늘 수학 경시대회에서 금상을 받아오는 듬직한 아들, 늘 잔병치레를 하는 내게 밤새 다리를 주물러주는 효자 아들이 있는 한, 만약 하나님께서 내 인생에 어떤 벌을 주어도 그것에 상쇄될 만큼 기쁨으로 자리한다. 그 선물을 주심으로써 나는 생의 한복판에 서서 기꺼울 수가 있다. 살아있다는 그 자체가 어쩌면 우리 모두에게 큰 의미의 선물일지도 모른다고 생각하면서.

(2005년 作)

피아노와 플루트

딸의 방엔 정확히 36년 전 우리 집에 실려 왔던 검은색 피아노가 지금도 있다.

2년 전. 마지막 조율을 했을 때 조율사는 이렇게 말했다.

"이젠 이 피아노에 돈 들이지 마세요. 더 이상 조율할 필요가 없을 것 같아요." 누더기처럼 입혀진 검은색 칠이 여기저기 벗겨져 낡을 대로 낡았고 쇠로 되어 있는 피아노판은 군데군데 선이 끊어진 탓인지 소리 나지 않는 건반이 꽤 있었다. 이렇듯 쭈글쭈글 늙은 피아노는 나와 지금껏 오래된 가족처럼 함께 지내고 있다.

가끔, 아주 가끔이긴 하지만 난 피아노만큼이나 늙은 악보를 내놓고 찬송가를 치거나 가곡 반주를 하곤 한다. 그때마다 온통 검은 피아노는 아직도 하얀 가슴을 열어 건반 위에 손을 올려놓은 나를 유년의 뜰로 안내한다. 내 푸른 나무였던 엄마의 기억으로.

"주리야, 〈소녀의 기도〉 한번 쳐 봐라." 푸른 리본에 갈래머리를 땋은 약간 새침한 내게 손님이 오거나, 기분이 울적한 날 엄마는 이렇게 말하곤 했다. 어떤 날은 〈은파〉, 어떤 날은 〈스와니 강〉, 〈로렐라이 언덕〉…. 그녀의 주문으로 난 그때그때 엄마의 기분을 추측하곤 했다. 그럴 때 그녀의 눈은 아련했다. 그리곤 잠자리 날갯짓 같은 가늘고 떨리는 음성으로 조용히 노래를 부르던 엄마였다.

그 피아노가 집에 처음 들어오던 날, 나는 여덟 살이었다. 여섯 살 때 처음 피아노를 시작했는데 키가 작아 건반이 가슴 높이까지 오자 피아노 의자에 방석 두 개를 깔고 연습을 시작했다. 비가 오거나 눈이 올 때 열이 나거나 놀고 싶을 때 어지간히 집에 있는 도우미 언니를 괴롭히며 연습을 했었다. 도우미 언니와 함께 피아노 레슨 받으러 가는 길은 너무 멀었고. 다른 애들이 모두 고무줄놀이나 공기치기 사방

치기 등 너무도 재미있게 놀이에 열중하는 시간에 나만 레슨 받으러 가는 일은 내게 있어서 순간순간의 놀고 싶은 욕구가 부인되어야만 했기 때문이었다. 게다가 엄마는 공놀이라든가 오자미라는 일종의 콩주머니를 만들어 놀았던 놀이는 하지 못하게 했다. 손을 다치면 피아노를 칠 수 없다는 이유였다. 내가 꽤 명곡이나 소품들을 쳐내고 있었을 때 엄마의 입버릇은 "우리 주리 피아노를 사줘야 할 텐데."였다.

그러나 넝쿨장미가 있는 집을 장만하느라 두 사람 월급의 반이 대출금으로 빠져나가는 상황에서 엄마의 소망은 그리 쉽게 이루어지지 않았다. 그때마다 아빠께서는

"서정희가 맘먹은 일이 어디 안 된 때가 있었나?"

하며 반은 위로로 반은 안타까움으로 대답하곤 하셨다.

그러던 어느 날 엄마와 아빠가 큰 소리로 싸우셨다.

아빠는 원래 목소리가 크시지만 엄마는 좀처럼 소리를 높이는 법이 없었다.

"늬 아빠는 이름 자체가 울리는 종(鐘鳴)이라서 목소리가 큰가 봐." 하며 양반의 자손은 입 밖으로 쇳소리가 나면 안 된다는 말을 입버릇처럼 했던 엄마였다. 그 때문에 당시 사건은 참 잊을 수 없는 사건이었다. 이유인즉 엄마가 결혼 때

아빠가 해주신 백금 반지를 비롯, 그 후에 생일날에 선물한 보석목걸이, 외국에서 외삼촌들이 사다준 것 등 패물들을 아빠와 한마디 상의도 없이 몽땅 팔아버렸다는 것이었다.

"그래, 그 돈을 어디에 쓰려고 한 거야?"

여전히 화가 난 음성으로 아빠는 엄마를 다그쳤지만 엄마는 완강히 입을 다물었다. "나쁜 짓에 쓰려한 건 아니니 걱정 말아요." 하고 조용히 말했을 뿐.

그리고 며칠 후 그 검은 피아노가 내 방에 놓여졌다.

나는 그녀가 피아노를 어떻게 마련했는지 지금도 모른다. 다만 추측할 뿐이다.

유난히 보석 욕심이 많은 엄마였다. 넉넉지 않은 살림에서 어렵게 마련한, 그리도 아끼던 자기 소유의 모든 것을 팔고 남편으로부터 많은 의혹과 다그침을 받아도 좋을 만큼 그녀는 내게 피아노를 사주고 싶은 마음이 절실했었을까.

엄마는 내게 푸른 나무였다. 제게 딸린 잎과 줄기를 다 내어주고, 열매를 맺으면 과실을 내어주고, 마지막 수액조차 나눠주고, 훗날 가지가 잘린 빈 그루터기만 남아도 기억에 기대어 앉아 쉴 수 있게 하는 아낌없이 주는 그런 나무였다.

몇 년 전 딸이 플루트 배우기를 원했다. 딸의 음악성에는 칭찬에 인색한 나도 감탄할 때가 많다. 아이는 제 친구가 학원에서 플루트를 배우는데 옆에서 지켜보다가 운지법 등 플루트 연주법을 나름대로 터득해 버린 것이다. 또한 음악을 들으면 바로 피아노로 옮기고 플루트로도 옮긴다는 것이었다. 어느 날 음악학원 선생님으로부터 전화가 왔다.

"어머니, 예원인 뛰어난 음악성을 가지고 있어요. 피아노도 그렇지만 피아노보다 플루트에 어쩌면 더 소질이 있는 것 같아요. 소질은 노력한다고 다 가질 수는 없는 거예요. 예원이의 재능이 아까워서요. 플루트도 정식으로 배우게 해주세요 일주일에 두 번 플루트 선생님이 저희 학원에 오신답니다."

하지만 암담했다. 돈이 없었기 때문이다. 잠이 오지 않았다. 부끄럽지만 난 서른여덟이 될 때까지도 돈이란 그냥 존재하는 건지 알았다.

어릴 적엔 그런 열성을 가진 엄마와 성실한 아빠 덕에 돈 걱정이란 것을 대학 졸업할 때까지 해보지 못했고, 시골 고등학교 교사 시절 내 월급은 옷을 사거나 예쁜 목걸이나 구두를 사거나 읽고 싶은 책을 사는 것으로 소비되곤 했다. 결혼 후 유학시절 가난이 재미있었을 만큼 철부지 아내. 그동안 제 손으로 돈을 벌 수 있다는 의식조차 하지 못할 만큼의 아내를 먹여 살리느라 애아빠도 어지간히 애썼다는 생각이 처음으로 들었다.

그러나 그 후 완전히 맨몸으로 가족의 생계를 떠받쳐야 할 상황이 내게 소리 없이 다가왔고, 딸이 플루트를 갖기 원했을 때는 그 가난의 복판에 있었던 때였다.

그러던 어느 날 퇴근길, 딸이 다니는 피아노 학원에서 나오는 생전 처음 듣는 소리를 들었다. 가느다란 풀피리 소리 같은 것이 때론 흐느끼기도 하고 때론 머리를 풀고 통곡을 하기도 했다. 한참 소리에 취해 가만히 듣고 있는데 계단에서 한 떼의 아이들이 몰려나왔다. 딸은 오른손에 검은 케이스의 플루트를 들고 있었다.

"유미야, 나 오늘만 우리 집에 갖고 가서 이거 한 번 해보면 안 돼? 내일 갖다 줄게." 그러자 "안 돼!" 하며 채가듯 가져가는 친구의 뒷모습을 한참 바라고고 있는 딸의 어깨를 보았다. 눈물이 흘렀다. 그리고 결심했다. 딸에게 플루트를 사 주자. 하지만 어떻게?

엄마도 그랬을까? 아빠에게 그렇게도 다그침을 받고 빠

듯한 월급 생활을 하면서 달리 사줄 방도가 없었을 때 내게 피아노를 사주고 싶었던 엄마의 마음이 꼭 그랬을까?

그날부터 나는 내게 값나가는 것이 있나 생각해 보았다. 야마하 플루트를 사주려면 육십만 원이 필요했고, 레슨비가 한달에 십오만 원….

지금 생각해 보면 그리 간단히 지출할 것 같진 않은 액수였지만 그래도 카드 할부 등 다른 방법들이 얼마든지 있으므로 그때만큼 많은 갈등을 했을 것 같지 않은 금액이었지만, 그때 내겐 도저히 불가능한 큰 돈이었다.

죽고 싶었다. 생각 끝에 내게 남아있는 패물들을 팔기로 했다. 전에 내게 있던 값나가는 패물들은 새로운 교회를 지으며 헌금함에 모두 넣었었다. 비교적 돈에 후했던 애아빠였지만 교회 짓는 데 헌금한다고 하면 도저히 줄 것 같지 않았기 때문에 미련 없이 헌금함에 내가 가졌던 값나가는 패물들을 넣을 수밖에 없었다.

그러니 남아있는 것이라곤 애들 돌이나 백일 때 받았던 금반지와 애아빠에게 선물로 받았던 목걸이, 팔찌 이런 것들뿐이었다. 보석 가게에 전화로 가격을 알아보며 평소에 내가 아끼던 예쁜 목걸이들은 18k였기 때문에 별로 돈이 되지 않는다는 것도 알게 되었다. 아마 내게 금이빨이 있었다면 그것도 보탰을 것이다.

문제는 내게 남아있던 패물들을 파는 방법이었다. 가난하지만 자존심을 벗어던지지 못한 탓에 근처에 있는 보석 가게 앞에서 몇 번이나 발길을 돌리곤 했다. 아파트 상가에서도 다 내 얼굴을 알고 있는데 보석 가게 주인은 이렇게 말할 것이다.

"101동 1414호 말이에요. 그 집 참 잘살더니 요즘 형편이 말이 아닌가 봐. 그 집 금 팔러 왔더라구요." 하며 다른 여자들에게 말할 것도 같고,

"왜 이렇게 예쁜 패물들을 팔려고 하세요?" 하고 물어보면 어떻게 대답을 해야 하나 많은 생각들이 꼬리를 물고 물어 금과 패물들을 팔려고 가게 앞까지 갔다가 되돌아온 것이 몇 번이었던가.

드디어 버스를 타고 멀리 가서 생면부지의 보석 가게에 그것들을 팔고 돌아오는 내 등에선 식은땀이 흘렀다.

그래도 십오만 원이 부족했다.

이걸 어디서 구할 수 있을까? 나는 그 생각에만 골몰했다. 옛날 같으면 하룻밤 외식비만도 못한 돈이었다. 친척이

우리 집에 오면 생각 없이도 차비라며 호주머니에 찔러주던 돈이었다. 그런데 그 십오만 원을 구하지 못해 플루트를 살 수 없다니 나는 입술을 깨물며 죽고 싶었다.

갑자기 상황이 나빠졌어도 친정 식구들에게 단 한 번 손을 벌려본 일이 없었다. 다만 가끔 아빠께서 어둡고 안타까운 얼굴로 찾아와서는 용돈이라며 몇 십만 원씩 주고 가시곤 했다.

아빠께 말씀드려 볼까 생각했지만 차마 입이 떨어지지 않았다. 며칠 전 아빠께서 내 옷이 맘에 걸리셨던지 극구 괜찮다고 했는데도 코아백화점에서 옷을 사주고 가셨기 때문이기도 했다.

그날부터 나의 자존심과 딸에게 플루트를 사주고 싶은 마음이 줄다리기하기를 며칠, 난 굳은 마음을 먹고 동생을 찾아갔다.

"내가 꼭 쓸 일이 있어서 그러는데 십오만 원만 빌려 줄래?" 하고 말하자 외출하려던 동생은 아주 바쁘다는 듯

"십오만 원? 알았어. 근데 언니야, 그런다고 십오만 원도 없냐?"

동생에게 십오만 원을 받아오는 길에 난 무지하게 울었

다. 길거리 가는 사람들이 날 혹시 미친 여자가 아닌지 유심히 쳐다보며 지나갔다.

딸은 그 플루트를 그 후 약 1년 정도 열심히 하더니 중학교에 가서부턴 시들해졌는지 구석에 처박아두고 있다. 그래도 고등학교에 들어가기 전까진 가끔 엄마가 내게 곡을 주문했듯 나도 딸에게 비발디의 〈사계〉 중 겨울의 애절한 선율과 대중가요인 〈마법의 성〉 같은 것을 주문하곤 하면 두말 않고 엄마의 주문을 행복한 얼굴로 연주해 주었다. 그러더니 고등학교에 들어가고부턴 기숙사에 밤 12시나 들어가는 평일은 물론 집에 오는 휴일에도 "귀찮아!" 하며 노골적으로 말하며 잠을 자버리곤 했다. 공부하느라 늘 잠이 부족한 딸을 이해는 하지만 그때마다 나는 너무 섭섭해서 가슴이 저리곤 했다.

오늘도 나는 검은색 피아노와 은빛 플루트를 바라본다.

엄마에게 있어서 모든 것이었던 나. 내게 있어서 생의 모든 것이었던 딸. 딸의 딸. 그 딸의 딸…. 그렇게 세월이 흘러서도 내 엄마의 삶과 나의 삶이 증표로 남아있는 피아노와 플루트는 다른 형태로 존재할 것이고. 세대가 거듭되어도 마음속에 여전히 엄마의 생은 그 딸의 가슴 속에 푸른 나무로 기억될 것 이라고 생각하며.

(2005년 作 · 2006년 경남신문 신춘문예 당선작)

경남신문 신춘문예 당선작

피아노와 플루트

〈심사평〉

캐나다. 미국 등 해외 교포들의 작품을 비롯하여 전국 각지에서 응모작들이 쇄도했다.

수필은 삶과 인생을 담는 그릇이다. 문장은 인생 경지와 깨달음을 드러낸다. 응모작품들은 자신의 인생을 진솔하게 보여주며 소재의 다양성. 구성의 효율성. 개성적인 문체에 눈길을 끌게 한다. 그러나 수필은 인격의 향훈, 정의 미학(美學), 깨달음의 꽃과 같은 일상에서 얻은 심오한 발견과 의미 부여가 있어야 한다. 수수하되 반짝임이 있어야 하며. 평범한 얘기 속에 오묘한 깊이와 가치가 깃들어 있어야 좋은 작품이랄 수 있다.

당선작으로 선정한 〈피아노와 플루트〉는 주제의 선명성. 소재의 배치. 짜임새 있는 구성과 함께 2대에 걸친 어머니와 딸 간의 사랑과 함께 여인들의 삶과 애환을 잘 형상화한 나무랄 데 없는 수작이었다. 후보작인 〈심심한 병〉. 〈노옹〉. 〈출가〉 등도 수준에 오른 작품 이었음을 밝혀둔다. 당선자에게 꾸준한 노력과 정진을 부탁한다.

어떤 이별

아무리 봐도 딸은 나와 너무 닮지 않았다.

난 약간 새침떼기에 대체적으로 여성적인 분위기인데 반해 딸의 별명은 '지구용사 아티르'로 무지하게 터프하고 남성적이다. 친구들은 딸을 형이나 오빠로 부른다. 난 몸으로 하는 일을 엄청 무서워하는데 딸은 힘이 셀 뿐 아니라 몸으로 하는 일은 무엇이든 무서워하지 않는다. 나로서는 도저히 불가능해 보이는 일, 가령 달리는 일, 때리는 일, 힘쓰는 일 이런 일에 아주 뛰어난 믿음직한 딸이다.

그애는 말조차도 남성적인 근육질이어서 단어와 단어 사

이에 통통 튀는 탄력을 가지고 있다. 그만큼 말 펀치가 너무 세서 나는 날마다 케이오가 되곤 한다.

유치원 때부터 초등학교에 이르는 동안 얼굴이나 팔을 다른 아이들에게 손톱으로 긁혀오는 일이 많아 심장이 유난히 작은 엄마를 늘 걱정시키곤 했다.

상처가 남으면 어떡하지 하며 밤새 연고를 한 시간 간격으로 발라주던 기억이 난다.

그러나 딸은 절대 손톱을 사용하지 않는다. 대신 주먹으로 남자아이들을 제압시켜 놓곤 했다.

유치원 때나 초등학교 때 누굴 때려본 기억이 없을 뿐 아니라 누구에게 맞아본 기억도 없던 나는 그런 딸이 퍽 신기하고 이상했다. 어째 나 같은 사람에게서 얘 같은 아이가 나왔을까?

그 밖에도 딸과 내가 다른 여러 가지 예를 들 수있는데 이 아이와 내가 근본적으로 다른 인종이라는 걸 인정할 수 밖에 없는 이유는 개에 있다.

난 어릴적 개에게 물린 경험으로 일종의 정신적 쇼크가 있어 개만 보면 걸음이 잘 떼어지지 않는 일종의 극심한 공포심을 가지고 있다. 독일에 살 땐 남편과 산책을 하다가 커다란 셰퍼드를 만나 질겁하며 도망을 가다가 실제로 기절을 한 적도 있다.

내게 있어서 개란 다른 사람에게 있어서 늑대와 같은 맹수로 자리한다.

그런데 딸은 개를 비롯, 동물들을 너무 좋아하는 것이다. 길거리 가다가 큰 개를 만나면 난 질겁하며 숨는데 그 애는 머리를 쓰다듬으며 이내 친구가 되어버리는가 하면 웬만한 털 달린 동물들을 기선을 제압해서 친구를 만들어 놓는데, 조련사를 해도 잘할 것 같은 아이이다.

이야기는 여기서부터이다.

지난 토요일, 일 때문에 늦게 퇴근한 내게 딸은 눈물로 사정했다. 길에서 졸졸 따라오는 길 잃은 강아지를 딸이 집으로 데려온 것이다. 하얀 푸들종인데 더럽혀지긴 했지만 예쁜 옷을 입은 걸로 보아 주인이 사랑하며 키우다가 경제 사정이 어려워지자 길거리에 버려놓고 간 것 같다는 것이다.

혹시 강아지를 잃은 주인이 있다면 연락해달라고 쪽지에 연락처를 써서 전봇대에 붙여놓고 왔다고 했다. 그러나 한 나절 동안 아무도 연락이 없었단다.

분명 버려진 강아지이니 집에서 키우게 해달라고 딸은 울면서 말했다.

개에 대한 마음이 이런 나에게 딸의 말은 너무 이기적인 발언이었다.

"예원아, 너 엄마가 개를 얼마나 무서워하는지 알면서 이렇게 말하면 넌 너무 이기적인 거야. 그리고 아파트에서 어떻게 개를 키우니? 우리가 무슨 시간이 있니? 식구 모두. 엄마는 절대 키우겠다고 말 못해. 너 자꾸 고집부리면 개하고 거기서 살아. 난 문 못 열어줘." 하고 현관문을 잠가 버렸다.

딸은 저녁도 안 먹고 그 추운 날씨에 개와 함께 울면서 밤 열한 시까지 여섯 시간을 버텼다.

딸로부터 대문 밖에서 문자가 왔다.

"날 따라왔어. 애처로운 눈빛으로…. 새 주인이 되어달라고 했단 말이야.

비싼 거야. 대소변도 가리고 아까 엄마 없을 때 샤워시켰는데 의젓했어. 귀족 같아. 응? 엄마"

나는 가슴이 떨어져 나가는 것같이 아팠지만 약해지면 일생이 고달플 것 같아 이를 악물었다.

드디어 열한 시가 넘자 "엄마, 배고파. 그리고 너무 추워." 딸로부터 항복의 기미가 보였다.

그때서야 나는 라면박스를 가지고 밖으로 나가 "일단 오늘은 얘 여기서 재우고, 내일 어디에 갖다 줄 것인지 생각해보자." 하며 딸을 받아들였다.

그 다음날, 아들까지 울면서 졸랐다.

"엄마, 누나랑 나랑 엄마께 피해 가지 않게 잘 키워볼게. 응? 엄마, 똥도 오줌도 강아지 목욕도 내가 다 할께. 누나 늦게 오면 내가 산책도 시킬게. 응?"

모처럼 일로부터 해방되어 쉬는 휴일날 개 때문에 참으로 괴로웠다. 그보다 더 괴로운 것은 딸의 마음을 알기 때문이었다. 정을 통한 존재에 대한 뼛속 깊은 애정을. 이미 하루 사이에 딸은 그 강아지를 키울 요량으로 사료나 밥그릇도 준비하고 내 허락만을 기다리고 있었으리라. 딸은 강아지를 내가 딸을 사랑하듯 사랑한다는 것이었다. 딸의 아픔이 고스란히 내 가슴속에 들어오니 나는 머리가 터질 지경이었다.

"엄마가 얘를 싫어하는 만큼 난 얘를 좋아한단 말야."

"엄마 같으면 우리 키울 수 없다고 다른 데 데려다 줄 수 있어?"

많은 갈등 끝에 난 마지막으로 딸을 설득했다.

"예원아, 만약에 말이지, 엄마가 병이 들어 도저히 너희를 돌볼 수 없는 상황이라면 나 같으면 나 죽을 때까지 너희들 내 곁에 있어줘, 하지 않아. 내가 움직일 수 없을 때는 이미 너희들이 불행해져 있기 때문이야."

"………."

"그럴 경우, 엄마 같으면 아무리 마음이 찢어지게 아파도 엄마보다 더 너희들을 잘 돌볼 수 있는 사람이 있다면 데려다 줄 거야. 너희들이 아무리 보고 싶어 죽는 날까지 벽을 손톱으로 긁어대며 그리워해도 말이지."

"이 강아지도 우리 집에서 보다 더 좋은 환경에서 더 예쁨 받으며 살 수 있는 주인이 있을 거야. 넌 새벽 여섯 시 사십 분에 나가서 밤 열두 시에 오잖아. 엄마도 늦게까지 일하고. 그런 상황에서 강아지를 어떻게 돌봐?"

드디어 딸의 마음이 움직였다. 키우고 싶다는 마음만이 견고하게 만든 산처럼 굳어졌던 딸의 마음이 이윽고 움직이는 것 같았다. 다음날 우린 코아백화점 뒤 애견센터로 향했다.

가게 문앞에서 안으로 들어가기까지 딸은 또 몇 십 분을 소모했다. 강아지를 끌어안고 볼을 부비며 정말 그런 장면은 드라마에서나 볼 수 있을 것 같은 장면이었다. 이윽고 안에 들어가자 이별은 기정사실이 되었다. 딸은 가게 안을 온통 눈물의 강으로 만들었다.

"아줌마, 얘는요, 시끄러운 걸 싫어해요. 그리고 남자 어른들도 싫어하는 것 같아요. 목욕할 때 얌전하구요. 땅에 떨어진 음식은 안 먹어요 흐윽…."

어느새 습관까지도 파악한 딸이었다. 딸이 너무 울어서 애견센터 주인과 초등학생인 듯한 주인 아들이 눈물을 같이 터뜨렸다.

"웬만하면 키우세요. 이렇게 원하고 사랑하는데…."

애견센터 주인이 나를 설득했다.

"미안해. 아줌마가. 하지만 어쩔 수 없어. 주인 잘 만나서 행복해라, 강아지야."

이렇게 말하는 나도 눈물이 나왔다.

너무 사랑해서 내 곁에 있게 하고 싶지만 오직 상대방의 행복을 위해서 떼어놓아야 하는 아픔을 딸은 너무 이른 나이에 경험하고 있었다.

젊었을 땐 사랑도 이별도 모두 내 편에서만 생각했던 것 같다. 중년에 이르러서야 나는 생각한다. 사는 동안 내게서 눈물로 떼어져 나간 존재들을.

나 하나의 욕구와, 나 하나의 소유와, 나 하나의 사랑을 위한 것이 아닌 상대방을 총체적으로 이해하는 데서 오는 사랑, 가슴이 떨어져 나갈 것 같은 분리의 아픔을 겪어내어도 그것이 상대방을 위한 길이기 때문에 오직 그 길밖엔 길이 없을 것 같은 이별을.

에리히 프롬의 《소유냐 존재냐》를 읽지 않았어도 아니, 그런 철학을 알지도 못했어도 품성에서 나오는 이타利他의 사랑을 그 애는 이미 가지고 있다는 걸 나는 알았다.

그 저녁…. 아프지만 아름다운 이별이 있었다.

(2004년 作)

둘,

시간의 강물은 여전히 아무 일도 없다는 듯
서서히 움직이는 것 같아도
나날의 일상이 내 손목을 붙잡으면,
원심력도 구심력도 중심을 찾을 수 없는
초고속의 흐름이 되어버린다.

이제 불혹이 넘은 나이
어떻게 여기까지 흘러왔을까.
강가의 돌들은 세월의 길이만큼
모서리를 깎으면서 물속에서
세월을 담담히 바라보고 있었다.

수필 <시간의 강물> 중에서

시간의 강물

비가 갠 오후, 나무의 잔가지들이 제 몸의 비늘을 터는 소리가 들렸다. 햇빛을 온몸으로 받아든 죄밖에 없는 깨끗한 잎사귀들이 부럽다. 만물의 영장이라는 나는 내 마음속에 쌓인 먼지는 얼마나 더 털어야 '아아, 이만하면 괜찮아.'라는 생각을 할 수 있을까?

강가로 나갔다. 산들이 제 그림자를 풀빛으로 헹구고 스스로 길어져서 물속으로 걸어 들어간 시간. 오랫동안 강가에 서서 내가 흘려 보내버린 43년을 생각했다.

시간의 강물은 여전히 아무 일도 없다는 듯 서서히 움직이는 것 같아도 나날의 일상이 내 손목을 붙잡으면, 원심력도 구심력도 중심을 찾을 수 없는 초고속의 흐름이 되어버린다. 이제 불혹이 넘은 나이. 어떻게 여기까지 흘러왔을까. 강가의 돌들은 세월의 길이만큼 모서리를 깎으면서 물속에서 세월을 담담히 바라보고 있었다.

인생을 반으로 접어보면 끝 쪽이 훨씬 짧은 그런 시점에서 처음으로 죽음이 아주 가까워지고 있는 것을 느끼게 된다. 갑자기 자잘한 일상이라도 기록해두지 않으면 그냥 시간의 강물 속을 허우적거리다, 힘이 쇠잔하면 죽음이 서서히 눈앞에 다가올 때까지 내가 살았다는 어떤 흔적도 찾을 수 없을 것 같아 불안한 마음이 들었다. '그래, 글을 써보자. 글은 사람보다 오래 사는 거니까.'

내겐 지금도 엄마가 기록하신 1967년도 가계부가 있다. 내가 일곱 살 때 박봉의 부부교사 월급으로 살림을 꾸리셨던 엄마의 삶의 흔적인 셈이다. 엄마는 이미 11년 전에 돌아가셨지만 가계부는 역사의 전리품처럼 아직도 빨간색 《주부생활》 금박무늬를 그대로 간직하고 세월 앞에 살아있다.

꽁치 20원, 껌 5원, 시금치 10원, 아기들 과자 10원, 주리 고데 25원…. 여기서 주리 고데는 공주병에 걸렸던 내 머리를 유치원에 가기 전 아침마다 애교머리와 함께 우찌막끼(?)나 소데막끼(?)라는 이름으로 미장원에 가서 고데기로 말던 것을 말한다. 우찌막끼란 머리를 고데기로 안쪽으로 말아 가지런히 정리하는 것이고, 소데막끼란 바깥쪽으로 말아 볼륨을 주는 스타일이었던 것으로 기억한다.

엄마는 늘 일곱 살짜리 계집애에게 선택하는 기쁨을 주었다. "주리야, 우지마끼, 소데마끼? 스피아 민트, 쿨 민트? 빨간 구두, 하얀 구두?"

이제 그 고왔던 엄마는 아니 계신다. 그 옛날에 뉴똥 치마저고리나 몸뻬를 입고 학교에 오던 대부분의 엄마들과는 달리 섹시하게 상의는 딱 붙고 스커트는 확 퍼진 검정 원피스에 낭만적인 챙 넓은 밀짚 모자를 쓰고 목장의 소녀처럼 학부형회의에 나오시면 "저 사람이 누구래? 이주리 엄마래." 하는 소곤거림이 자랑스러웠던 내 엄마는 지금 이 세상에 아니 계신다. 사람은 가고 사랑만 남는다는 시 구절로 엄마는 내 가슴속에서, 그리고 빛 바랜 가계부에 남아있을 뿐이다.

거기엔 36년 전 엄마의 짧은 메모가 들어있었다. "오늘 아빠와 싸웠다. 꽁치를 사지 말라고 했다. 이제 꽁치라면 지긋지긋하다고 했다. 난 드디어 눈물을 흘리고 말았다. 하지만 꽁치가 얼마나 영양이 많고 무엇보다 값이 싼데 내 집을 사기까진 어림도 없다. 우리 주리가 학교에 들어가기 전까진 꼭 그 양옥집을 사야 한다. 담장엔 넝쿨장미도 심을 거다. 밤에 드디어 아빠는 내게 잘못했다고 했다."

내게 있어서 글은 사람보다 오래 사는 것뿐 아니라 시간의 강물 속에서 유일하게 늙지 않는 존재이다. 아무리 아름답고 근사한 것이라도 시간의 강물이 주는 유예기간을 영원히 가지는 것은 없다. 그러나 글은 유예기간이 참으로 길다. 성경은 해 아래 새로운 것이 없다고 했다. 그만큼 인생 자체가 한순간의 우슬초 같은 것이라는 것을 모르는 사람은 없다. 그러나 글은 몇 년의 순환을 거쳐도 늙지 않는다. 글은 그런 의미로 내게 다가왔다.

"글을 쓰자. 내가 가고 없어도 빛바랜 가계부나 시집, 수필집 속에서 살아있어 내 아이가 마흔셋이 되어 강가에 나와 나를 생각하고 기억할 수 있게."

내가 글을 쓰기 시작한 건 작년 겨울부터였다. 처음엔 내가 글을 쓰는 것이 아니라 내 안에 있는 글들이 날 못살게 굴었기 때문에 마지못해 언어라는 옷을 입혀 내보내게 되었다. 마치 오래 참은 기침처럼 가슴속에 있는 글들이 밖으로 튀어나오기 시작했다. 그러다 보니 내 글은 어느 곳을 보아도 제대로 된 정상적인 분만이 되지 않고 어딘가 한 가지씩 상처와 기형적인 요소를 가지고 있는 장애아를 분만한 것처럼 호흡이 가쁘고 부담스러운 글이 되었다. 허공에 대고 기침을 토해내듯.

그런 글을 시로 쓰니 내 시를 심사했던 시인들은 넘쳐나는 에너지의 힘찬 힘을 가지고 있어 아직 거칠긴 하지만 앞으로 많은 발전을 할 신인이라고 과분한 칭찬을 해주셨다.

그러나 얼마 후 난 알 수 있었다. 내 안에 있는 어떤 힘, 가슴속에서 발효되어 넘치는 그 힘을 적절히 조절하는 엄격한 장치가 필요하다는 사실을. 어디 글을 쓰는 가슴만 그럴 것인가. 사고방식이나 행동 양식 하다못해 사소한 습관들조차 어떤 기준이나 조절이 없으면 내 안에서건 밖에서건 그것들이 충돌을 일으키고 방향을 잃어버리고 만다.

내겐 그런 조절 장치가 처음부터 없었는지도 모르고, 있다 해도 겨우 죄어 놓은 나사처럼 헐거워졌는지도 모르겠다. 그런 내게 수필은 내 안에 방향 없이 떠다니는 많은 생각들을 가지런히 정돈해주고, 햇볕 아래 고슬고슬 말린 흰

옥양목처럼 적당한 여백의 서랍에 정갈히 넣어줄 방법을 알고 있을 것만 같았다.

시간의 강물은 어느새 새침하고 공주병 걸린 어린애였던 나를 그보다 훨씬 나이가 많은 딸의 엄마로 떠밀었다. 다행히 그 애는 나처럼 공주병도 없고, 새침하지도 않으며, 남자애처럼 터프하고 힘이 센 아들같이 씩씩한 딸이다. 난 그 애에게 내 엄마처럼 곱고 낭만적인 엄마, 봉숭아 꽃잎처럼 여려서 숨이라도 세게 쉬면 날아가 버릴 것 같은 아릿한 긴장감을 주던 멋진 엄마가 되지 못한다.

때론 아이를 향해 소리 지르고, 윽박지르기도 한다. 그 옛날 엄마가 내게 주었던 기분 좋은 선택권을 딸에게 주지도 않는다. 그 애가 좋아하는 것보다는 내 맘대로 골라주고, 그 애를 행복하게 해주는 데도 게으르다.

그 애는 나를 마녀라고 부른다. 언젠가 내가 낮잠을 자고 있을 때 제 친구와 전화 통화를 하는 것을 본의 아니게 들은 적이 있었다. "우리 마녀가 깨면 곤란하니까 이따가 니 핸드폰으로 할게." 하며 작은 소리로 속삭이던 딸이 마흔셋이란 내 나이가 될 때, 나를 어떻게 기억할까? 전화를 마친 아이는 내가 깬 것을 보고선 예의 애교 있는 콧소리로 이렇게 말했다. "엄마, 마녀 같긴 해도 난 엄마가 세상에서 젤 좋아. 알지?"

시간의 강물은 오늘도 예외 없이 강바닥에 박힌 돌의 모서리를 무디게 하듯 내 모난 자아를 깎아주며 조용히 흐르고 있다.

(2004년 作 · 2005년 선수필 게재)

천지가 꽃이다

천지가 꽃이다.

지리산의 봄은 노란색으로 시작한다. 같은 황색이라도 노랑색과 노란색은 느낌이 다르다. 노랑색은 어쩐지 유치원 아이들의 가방 같기도 한, 줄지은 병아리들의 산책 같기도 한 느낌을 주지만 노란색은 좀 더 성숙한 여인의 교태 같기 때문이다.

삼월이 되면 산수유는 겨우내 참았던 인내심의 한계를 드러내듯 앙증맞은 애교를 가지 끝에 팝콘처럼 토해 놓는다. 그녀의 자지러진 노란색의 교태가 입김이 되어 귓가를 간

질인다.

사물에 성性을 부여한다면 산수유는 확실히 여성이다. 그것도 소녀가 아닌 농염한 여인네의 뿌리칠 수 없는 유혹의 빛깔이다. 거기에 아지랑이가 피어오른다면 정말 그것은 속삭임과 입김의 하모니가 되는 것이다. 이들의 오케스트라를 듣는 사람들의 귓가가 간질거린다. 이들의 빛깔은 저 멀리서 들려오는 오카리나 색이다. 이들을 보는 사람들의 눈가는 추억으로 촉촉해진다.

나는 이때가 되면 초경하는 소녀처럼 정서가 불안해진다. 까닭 없이 가슴이 뛰고, 책임이나 일상은 저만치 물러나 절대 나에 속한 것이 아닌 것인 양 팔짱을 끼고 아주 상관없는 표정으로 날 쳐다본다.

이런 날을 시인은 "환장할 봄날"이라고 표현했었나?

이맘때쯤이면 나는 아침밥이라든가 청소, 직장의 컴퓨터와 업무 등 일상을 쓰레기통에 쑤셔박고 살짝 미친 여인처럼 꽃을 달고 지리산 어느 자락을 헤매고 싶어진다. 사람들은 미쳤다고 손가락질할지 모르지만 자신은 얼마나 그저 해맑게 행복할까? 또한 중학교 때 좋아했던 영어 선생님의 책상에 놓여졌던 서툰 고백처럼 노란색의 봄에게 어눌한 편지로 수줍게 고백을 하고 싶어지기도 하는 것이다.

도대체 난 이 봄을, 이 노란색을 몇 번이나 더 볼 수 있을까?

'모든 존재하는 것은 아름답다.'

말 그대로의 의미를 따라가면 제대로 된 사람의 유심관과 유물관의 측면에서 모두 당연한 것이며 자연의 이치에 있어서도 순한 결말이다.

하지만 이 말이 사형집행을 앞둔 이의 말이라면 그 의미가 달라진다.

황석영의 장편소설 《오래된 정원》에서 유신정권에 반대하는 운동권 출신 주인공이 감옥에서 국사범으로 무기징역을 받고 복역하던 중 사형집행을 6년째 미루어온 사형수의 마지막 밤과 아침 그리고 한낮을 묘사한 대목이 나온다.

읽은 지 오래돼서 정확한 것은 기억이 나지 않으나 어느덧 집행의 시간이 오면 '1405호!' 하고 번호로 부른다지. 사람의 인생이 끝나는 순간치고 이렇듯 간단한 호출이 있을까? 생각해보면 사람은 누구나 사형수이다.

인생이라는 감옥에서 삼 년 형, 십 년 형, 그나마 무기징

역으로 구제될 가망성은 어느 누구도 없는 것이다. 그러다 어느 순간 "1405호!" 하고 부르면 "네!" 하고 따라 나설 뿐.

될 수만 있다면 사형집행을 보류하고 싶을 뿐이겠지. 시간 앞에 짓푸른 것이 어디 또 있을까? 진시황제의 권력도 양귀비의 아름다움도 솔로몬의 지혜도 모두 우슬초 같아서 한낱 스러지는 안개일 뿐이라고 성경시대의 뛰어난 시인인 다윗은 말했다.

'사람의 인생은 우슬초 같아서 한낱 스러지는 안개일 뿐!'

누군가에게 나는 그들의 수명을 이렇게 물어볼 것이다.

"당신은 몇 년이나 사형집행을 유예 받았나요?" 하고.

그리고 영원할 것 같은, 누구도 그 무엇도 상관없을 것 같은 두 사람사이의 사랑에 대해서도 이렇게 물어 볼 것이다.

"당신은, 아니 당신의 사랑은 시간을 이길 수 있나요?" 하고.

아, 황석영의 장편소설 《오래된 정원》은 이렇게도 말했었다.

"사랑은 어째서 언제나 시간을 이기지 못하는지, 사랑은 어째서 죽음과 꼭 같은 닮은꼴인지…. 오래전에 불경에서 읽은 적이 있어요. 사람이 죽으면 정이 맺혔던 부분들이 제일 먼저 썩어 없어진대요. 당신은 그 안에서 이쪽 바깥에서 한 세상을 보냈어요. 힘든 적도 많았지만 우리 이 모든 나날들과 화해해요. 잘 가요. 여보"

적어도 죽음을 앞두고 이런 준비는 해야 되지 않을까?

'우리, 이 모든 나날들과 화.해.해.요.' 이보다 아름다운 마지막이 또 있을까?

그러나 이것보다 더 정확하고 완벽한 준비는 이래야 되지 않을까?

'여보, 나 건넌방에 가듯 죽으러 가요. 몇 년 후가 될지 모르지만 그때 당신도 건너와요. 할 수 있다면 안방에 있던 베개도 좀 가지고 와요'

주체할 수 없이 자지러지게 환한 이 봄날, 천지가 노란색으로 환한 봄날 난 왜 죽음을 떠올리는가? 죽음은 이미 어두운 색채가 아니기 때문이다. 슬픈 것은 더우기 아니기 때문이다. 그저 한 세계에서 다른 한 세계로 건너가는 것이기 때문이다.

그럼에도 건너가보지 못한 강, 통과해 보지 못한 벽은 언제나 우리에게 있어서 두려움일 수밖에 없다. 투사처럼 죽음이 무섭지 않다고 큰 소리 치지 말자. 툭하면 죽고 싶다고 엄살도 피우지 말자. 그저 말 잘 듣는 아이처럼 "1405호!" 하고 부른다면 "네." 하고 따라가자.

한세상 살면서 우리에게 유예받은 시간들만이 진실이다.

그 순간순간들의 점들이 모아져 선이 되고 급기야 입체가 되고 그래서 인생이란 직조가 완성되는 것인지. 아니 완성이란 아무것도 없다. 생은 그냥 점과 선들의 줄지은 보행이 있을 뿐이다. 그것이 더딘 걸음이든 힘든 걸음이든 신바람 나는 걸음이든 삶이란 줄지은 보행 그 이상도 이하도 아닌 것 아닐까?

어느 날 부사관 시험에 면접에서 떨어진 큰아이의 절망에 난 이렇게 대답했다. 그 애는 필기시험을 합격하고 체력장 시험도 우수한 성적을 냈는데 면접에서 떨어졌다고 한다. 그리고 그애는 전혀 그애의 뜻이 아닌 아픈 비수를 내게 던졌다.

"엄마, 면접 때 군인 가족이면 가점이 생기고, 편모 편부슬하의 자녀는 감점이 되었다고 해!" 나는 가슴이 떨어져 나갈 것 같았다. 무슨 연좌제도 아니고 한 아이의 신념이 담긴 선택 시에 편모슬하가 문제가 되다니…. 이어서 오는 자책의 시간도 견디기 어려웠다. 엄마가 너희들을 키우면서 최선을 다했다고 생각했는데 내 미처 조명하지 못한 상처를 너에게 주고 말았구나 하는 자책을. 그 아이는 생애 처음으로 떨어진 시험을 극복하지 못하고 학교에 한동안 나가지 않았다. 이유는 "창피해서 죽을 것 같아!"였다. 나는 그 애의 마음을 돌리려고 하지 않았다.

"그래, 너 자퇴를 하고 싶으면 해라. 하지만 저 꽃을 봐라. 저 꽃들은 창피하다고 봄에 꽃을 피우지 않는 것은 아니란다. 저 돌을 봐라. 저 돌들은 햇빛이 뜨겁다고 아프게 밟힌다고 저 자리를 피하지 않는단다. 내 딸이 저 꽃들만큼만 저 돌들만큼만 살아갈 수만 있다면 그동안 엄마의 고생이 헛되지 않았을 거라 믿는다." 그 후 아이는 자퇴는 하지 않고 다른 전공을 선택해, 지금은 유능한 직장인이 되었다.

조금 있으면 노란색 대신에 수줍은 분홍의 벚꽃과 하얀 목련이 저들의 삶의 보행을 계속할 것이다. 아름답다든가, 힘들다든가 이런 것들은 그들 자신에게 있어서 관계없는 것들이다. 그저 시간의 순리에 맞게 묵묵히 그들의 할 일을 계속 하고 있는 것이다.

지리산은 지금 천지가 꽃이다.

(2008년 作 · 2017년 전북도민일보 게재, 2020.4월《좋은 수필》게재)

구두로 남은 나의 외삼촌 미당 서정주

지금 그 집은 어떻게 되었을까? 외삼촌이 하늘소풍 가신 지 어언 3년. 사당동 예술인 마을의 외삼촌 댁에는 시방 누가 살고 있을까.

전주에서 창문도 열 수 없는 버스를 타고 늘 차멀미를 하면서 서울에 도착하여, 다시 택시를 타고 갔던 길. 긴 미로 같던 골목을 지나면 드디어 나타나던 그 집. 말년엔 우직하고 정이 많던 충견 누렁이가 있었지만, 초인종을 누르면 방정맞고 앙칼진 발발이 해피가 먼저 달려 나오던 집이었다. 뜰엔 옥잠화, 맨드라미, 샐비어 등 작은 키의 식물에서부터 이름 모를 나무들이 울창한 정원, 시인의 명성만큼이나 묵직하게 보였던 지극히 평범한 석조건물의 이층집.

외삼촌 댁 정원은 사람의 손길이 닿은 듯 안 닿은 듯 오종종 잘 꾸며진 정원이었다. 사람은 가도 댓돌 위의 신발은 그대로 덩그마니 남겨져 있듯, 어쩌면 사람들 마음속에도 기억의 집은 댓돌 위의 신발처럼 남아있는지도 모른다.

외삼촌 미당은 내 기억 속의 푸른 소나무였다. 난 가끔 사람을 색깔로 표현하길 좋아한다. 그는 푸른색 외에는 다른 색깔을 생각할 수 없는 푸른색 이미지 그 자체였다. 약간의 독선과 범접할 수 없는 그만의 청정지역에 늘 그의 의식이 닿아있어서 어린 나에게도 그것이 느껴졌기 때문인지 모르겠다.

딸이 없었던 그는 조카들 중에서 날 유난히 예뻐했다. 별로 친척들을 좋아하지 않던 외숙모도 나에게만은 예외였다. 방학 동안 엄마가 나를 서울로 보낸다는 전화를 하면 언제나 반가워했으니 말이다. 내가 서울로 대학을 가면 외삼촌 집에 보내야겠다는 엄마의 생각과는 달리 아버지의 확고한 신념으로 지방 국립대에 입학한 그 해 겨울. 난 사당동 외삼촌 집을 찾았다. 인사를 마치고 고개를 들어보니 대뜸, "우리 주리는 꼭 오이 속 같구나!" 하셨다. 난 오이 속의 이미지를 머리속에서 찾느라고 애썼다. 그러나 가슴에는 머리에서 구체화 되기 이전 선명한 이미지로 새겨졌다. 가지런하고 연한 오이 속….

그는 내가 대학생이 되어 방문한 것이 대견하고 기쁘다고 했다. 그리고 밥하는 이를 불러 주리가 유일하게 먹는 고기가 쇠고기인데 정육점에서 제일 좋은 고기를 사다가 해주라고도 했다. 그런 말은 평소의 미당으로서는 좀처럼 하지 않는 말씀이었다.

먹는 것, 입는 것은 모두 외숙모의 일이었다. 그는 물건값이 얼마인지 대강 짐작조차 하지 못했다. 강의하고 글 쓰는 일 외에 다른 일은 일체 신경 쓰지 않았기 때문이다. 그러나 가족에게만은 달랐다. 오빠들에 대한 애정은 참으로 극진했다.

미당과 형제 중 막내인 우리 엄마는 미당의 아들과 여섯 살 차이라고 했다. 그 때문에 외삼촌의 큰아들인 큰오빠는 나와 나이 차가 너무 많았다. 또 큰오빠는 계속 미국에 있었기 때문에 큰오빠에 관한 기억은 거의 없다. 당시 서울대 물리학과에 다니던 작은오빠는 나와 나이 차이가 별로 나지 않았고, 오빠의 조용한 성품에도 불구하고 날 아주 다정다감하게 대해주었다. 하루에 한마디 이상 하지 않던 말 없는 오빠가 내게는 곧잘 말을 잘 걸었기 때문에 외숙모도 "별일이다!"고 말씀하시곤 했다. 난 작은오빠가 좋았고 그를 잘 따랐다.

외삼촌이 외숙모에게 "내일은 명동에 가서 우리 주리 이쁜 옷 한 벌 사주지!" 할 때 보면 여느 남자들처럼 부인의 눈치를 살짝 보는 모습이었다. 외숙모는 신세계 백화점에서 자주색 니트 원피스와 가죽 핸드백을 사주었다. 핸드백은 외삼촌의 부탁이 아니었는데도.

외삼촌은 객관적으로 잘생겼다고는 볼 수 없었다. 그러나 시인 서정주가 아닌 내 외삼촌 서정주로, 아니 한 남자로 보더라도 그의 눈과 눈썹 그리고 전형적인 선비풍의 느릿한 말투는 아주 매력적이었다.

평소에 난 눈을 들어 외삼촌을 똑바로 쳐다보는 일이 거의 없었지만, "주리야, 아 글쎄 말이지…." 하며 특유의 느릿한 어조로 이야기할 때 훔쳐보듯 그의 눈을 보면 회색빛 눈에선 괴기한 빛이 나곤 했었다. 그 눈빛은 즈믄 밤에 비끼어 가는 눈썹 같은 님, 실제로 존재하지 않았지만 먼먼 뒤안길에서 이제는 돌아와 거울 앞에선 내 누님 같은 꽃을 발견한 눈빛이었다. 보통 사람 눈엔 보이지 않는 살 깊은, 존재 자체를 꿰뚫어 보는 듯한 그 눈빛과 마주치면 난 때론 버겁고 덜컥 겁이 나기도 했었다.

여러 사람으로부터 비교적 많은 관심을 받고 자란 난 엄마를 비롯한 나를 아는 많은 사람들에게 여리고 착하게 보여져야만 했었다. 그런 의무감은 어디에서 기인한 건지 모르지만 어쨌든 나의 다듬어진 겉모습 뒤에 숨은 시커먼 욕심과 이기를 그에게 들킬 것 같아서였다.

또 하나 삼촌과 떼어내서 생각할 수 없는 물건은 파이프 담배였다. 그는 담배를 즐겼다. 수많은 제자들은 외국여행 후에 선물을 가져오곤 했는데 대부분 종류가 다른 담뱃대와 담배였다. 그는 그 선물을 받고 어린애처럼 즐거워했다. 내게 이건 누가, 저건 누구누구가 선물한 것이라고 설명해주기도 했었다. 난 삼촌의 정신세계 중 조금은 덜 자란 어린애 같은 부분이 있는 것이 즐거웠다.

삼촌은 늘 이층 서재에 있었다. 아침 식사는 우동이나 죽으로 간단히 때웠고, 아침 식사 후에 차를 가지고 들어가면 하얀색이나 회색 계통의 한복을 입고 늘 좌탁 앞에 앉아 있었다. 그는 누워있는 모습을 외숙모 외에는 보여 주지 않았다. 좌탁에는 먹을 갈아 자신의 시를 절대 달필이라 할 수 없을 서툰 필체로 썼던 화선지나, 시작에 골몰했던 파지들이 있었다. 꼭 기러기가 날아가는 것 같은 그의 필체는 여동생인 우리 엄마와 너무도 닮았다. 절대로 잘 쓴다고는 할 수 없었지만 마치 글씨가 동양화 그림 같은 필체였다. 훗날 전주 우리 집에 외삼촌이 다니러 오셨을 때 그는 날더러 먹과 붓과 종이를 가져오라 이르고는 "내 누이 정희에게"라고 말미를 장식한 〈국화 옆에서〉의 한 소절을 써 주셨다.

"주리야, 네 이름 넣어서 하나 더 써주랴?" 하고 물으셨는데 그때 난 그가 참 힘들 거라고 생각하고 "아니요. 괜찮아요." 했었다. 요즘에는 하나 써달라고 해서 두고두고 외삼촌의 나에 대한 사랑을 내 아이들에게도 전해줄 걸 하는 후회를 하게 된다.

그의 정신을 누이고, 생각들을 가다듬게 하고, 생산적인 창작을 도와주었던 그의 서재는 값비싼 가구 하나 없는 그야말로 평범한 방이었다. 그러나 나는 안다. 지상의 방 한 칸인 그의 서재의 고요함을 그가 사랑했다는 것을. 그리고 그의 지극히 정적인 정서가 안착한 유일한 곳이었다는 것을.

그는 하루 종일 이층 서재에서 글을 쓰거나 글을 읽다가 외출을 해야 한다든지, 용무가 있으면 종을 딸랑딸랑 치곤 했다. 그러면 뚱뚱한 외숙모는 땀을 뻘뻘 흘리며 이층까지 100미터 달리기 선수처럼 빠르게, 그러나 가만가만 조심성을 잃지 않으며 올라가셨다.

외숙모를 보면 주인에게 많은 애정을 가진 충견을 떠올리게 된다. 겉모습만 보면, 외삼촌과 외숙모는 부부라기보다 스승과 제자, 좀 심하게 표현하면 주인과 하인 같은 관계로 보였다. 그러나 그런 판단은 두 분의 깊은 마음을 헤아리지 못한 내 생각의 오류였었다.

내가 한참 남녀평등이나 빈부격차 등 사회문제에 예민했던 나이였던지라, 용무가 있을 때 종을 치는 외삼촌과 그 종소리를 듣고 달려가는 외숙모에게 엷은 분노 같은 감정을 가졌었던 것 같다.

저녁식사 시간에 난 외삼촌에게 말씀드렸었다. "외삼춘, 왜 사람을 종으로 불러요? 외숙모가 사람이지 개인가요?" 당돌한 질문이었다. 그는 당황해서 잠시 침묵하다가 "여보, 당신도 그렇게 생각하오?" 하고 물었다. 그러자 외숙모는 조금도 망설이지 않고 "주리가 뭘 몰라서 그라지요." 조용히 대답하셨다.

난 아차, 했다. 두 사람 사이엔 오랜 세월 서로가 깊이 사랑하고 존경하는 마음이 있었던 것을, 어떤 일을 해도 비판의 날을 세우지 않고 서로 받아들이는 마음에서 나온 넉넉한 믿음을 나의 단세포적인 생각으로 훼손한 것 같아 내내 얼굴이 뜨거웠었다.

요즘 상당한 신념과 비판으로 무장한 어떤 여자 분이 가정에 부적합한 가장으로서 미당을 지적하여 책을 써서 발표했다고 한다. 충분히 그런 글을 쓸 수 있을 듯하다. 어떤 면에서 보면 미당이 남녀평등에 어긋난다든지, 독선적이라든지 하고 꼬집을 수도 있을 것이다. 그러나 그것은 마치 오래된 문화재를 보고 먼지가 끼었다든지, 구식 디자인이라든지 하는 것과 같다. 그 내면을 제대로 들여다볼 줄 아는 눈이 없기 때문일 것이다.

외삼촌의 종소리에 외숙모가 굴욕감을 느꼈다면 몰라도 오히려 외숙모는 행복해했다. 외숙모의 행동은 자존심의 결여에서 나온 것이 아니라 사랑하는 사람에 대한 지고지순한 헌신이었던 것이다. 그렇게 하는 것이 행복이라는 걸 알게 되었던 건 많은 세월이 흐른 뒤였다.

또한 두 아들에게 미당은 존경받는 아버지였다. 자상하게 휴일마다 같이 놀아주고, 세세하게 신경을 써주는 요즘 아버지들의 사랑은 아니었지만 미당의 아들에 대한 사랑은 극진했고 깊었다. 두 오빠들과 비교적 가까이 지낸 조카딸인 나에게 누군가가 미당은 좋은 아버지였느냐고 또는 좋은 가족이었느냐고 묻는다면 그렇다라고 대답할 수밖에 없다. 그는 지극히 정이 많은 분이었다. 가족에 대한 사랑이 깊은 사람이라는 건 긴 설명이 필요 없다. 같이 살면서 그냥 느껴지는 것이기 때문이다.

외숙모에게 있어서 남편 미당은 일종의 신앙이었다. 당신은 왜 남편을 신앙으로 지녔느냐고 묻는다면 당신은 왜 예수님을 믿고, 부처님을 믿느냐는 얘기와 같을 것이다.

미당의 젊은 시절에 대해서는 난 잘 모른다. 어쩌면 미당과 나는 할아버지와 손녀와도 같은 세대 차이가 났고, 가끔씩 방학 동안에만 갈 수 있을 뿐 떨어져 살았기 때문이다. 그러나 고스란히 그 옛날의 일을 단편적이긴 하지만 엄마의 입을 통해서 들을 수 있었다. 미당을 이해하려면 외할아버지를 알면 쉬웠다.

엄마 기억 속의 외할아버지는 열세 살 때 진사시험(과거시험의 일종이라고 했다.)에 급제하였으며 글솜씨가 뛰어난 분이셨다고 한다. 할아버지의 어머니께서는 시집오실 때 첩지를 가지고 오셨다고 했다. 그래서 자신의 며느리인 우리 할머니를 상것이라고 미워하셨다고 했다. 조금 오만하고 자식에 대한 애정이 남달랐던 할머니는 큰손자인 미당에 대한 애정이 얼마나 깊었는지 "내 새끼"라고 부르며 상당히 클 때까지 물고 빨고 하셨다고 한다.

큰아들인 미당을 비롯하여 어릴 때 돌아가신 이모를 거쳐 막내였던 엄마까지 여섯 명의 자녀들은 손톱에 봉숭아 물을 들여주던 자상한 아버지, 바르고 정서적인 아버지, 그리고 돌아가시는 순간까지도 목욕재계하고 흰옷으로 갈아입은 다음 반듯이 누워 돌아가신 단정한 그분을 영원한 로맨티스트로 기억했다.

미두라는 쌀로 하는 도박에 부유했던 집안을 풍비박산내신 할아버지의 숙부 덕에 가난과 빚만 남겨놓고 돌아가신 아버지를 대신하여 집안의 가장이 된 할아버지는 마침내 양반의 선비정신을 잠시 접어두고 군청의 측량기사로 일하셨다고 한다.

그것은 단 한 가지 자신이 가진 가난을 자식에게만은 절대로 물려주지 않겠다는 일념에서 나온 것이었다. 그 후 김성수 씨 집안의 집사로 일했던 것도 아마 그런 생각에서 비롯된 것이 아니었나 추측해볼 따름이다. 자식에 대한 애정이 유난했던 할아버지 · 할머니의 장남이신 미당은 누릴 수 있는 혜택은 다 받고 자란 귀한 아들이었다. 엄마 말로는 큰오빠 밥상은 꼭 독상으로 차려서 집에 있던 아랫사람들이 떠먹여주었다고 한다.

할아버지를 일찍 여의고 큰오빠가 아버지가 되어버린 시절. 외삼촌 가족이 공덕동에 살 때 엄마는 고려대학교 대학생이었다. 어떤 때 엄마는 피를 팔 정도로 가난했다고 한다. 당연히 한 학기 등록금을 댈 수 없던 상황이 많았다. 학업을 중단하고 시골에 가서 초등학교 선생으로 취직이나 할까 하고 있던 때 외숙모는 기꺼이 결혼반지를 팔아 엄마의 학비를 보탰다고 한다.

외숙모는 아이를 낳을 때조차 소리 한번 내지 않았는데 낳고 보니 이가 흔들거렸다고도 한다. 엄마의 기억 속에 외숙모는 단군신화의 웅녀였다. 그이의 인내심에 대한 에피소드는 많았다. 난 외숙모를 다시 한 번 조명해 보았으면 한다. 미당의 문학적 업적은 외숙모의 헌신적이고 전폭적인 뒷받

침이 없었다면 불가능했으리라.

비록 외삼촌은 지금 하늘나라에 계시지만 건립 중이던 미당기념관이 중단될 위기와 함께 친일이란 역사적 심판을 받고 있다. 그 부분에 대해 난 이렇게 생각한다. 그가 친일 시를 썼던 건 남들이 말하듯 그의 해바라기성 성향이나 잘못 판단한 역사 의식이 아니었다. 그 시대 생존을 위한 일이었을지도 모른다. 어느 누가 일제의 칼 앞에서 그렇게 기개있게 나는 일제가 싫다, 목을 치려면 쳐라, 하는 일이 쉬울 수 있겠는가? 현 시대에서, 즉 목숨이 안전한 상황에서 입으로만 애국하는 대단한 애국자들은 그때의 시대 상황을 생각하지도 못하는 일종의 소시오패스적 성향을 가지고 있을지도 모른다고 말하면 또 벌떼처럼 들개 떼처럼 이주리 죽일 년을 외칠지도 모른다.

나는 모든 시인이 다 우국지사가 될 수는 없으리라고 믿는다. 가족으로서 그의 행적에 대한 변호를 하자는 것은 아니다. 한 일생이 목숨을 버리고 애국의 길을 택한 방법 하나만 있는 것은 아니라는 것을 말하고 싶을 뿐이다. 일제 강점기에 미당이 목숨을 버렸다면 그 주옥 같은 그의 작품은 한국문단사에 존재하지도 않았을 것이다. 좋다. 적어도 미당의 가족이기 이전에 순수한 대한민국 국민으로서 그의 문학적 업적과 역사적 평가는 분리해서 가치를 매겨야 하지 않을까 한다. 물론 나도 미당이 우국지사가 되어 역사 앞에 비중 있는 평가를 받고, 그의 시단에서의 업적이 더 빛났더라면 하는 바람이 있다. 그러나 모든 시인이나 작가가 우국지사가 되어야 하는가? 그 물음에 자신 있게 대답할 사람이 얼마나 될까.

생존을 위협받았을 때, 역사의 소용돌이 속에서 살아야 할 때, 목숨과 바꿔 역사 앞에 떳떳한 사람이 되는 길을 선뜻 선택할 수 있을까 하는 물음에 자신 있게 대답할 사람이 얼마나 있을까.

결혼 후 난 독일 트리어에서 신혼생활을 시작했었다. 공부하는 남편의 뒷바라지를 하러 갔지만 난 그곳 대학에서 독일어 공부를 시작했고 학생인 덕분에 싼 가격으로 독일 각지를 여행할 수 있는 기회를 가졌다. 내가 살던 트리어만 해도 칼 마르크스의 생가가 잘 보존되어 있었다.

어디를 가나 그다지 유명하거나 위대한 예술인이 아니라 해도 그의 생가는 물론 몇 달 정도 머물렀던 집도 시에서 잘 관리해서 기념관으로 지정해두고 있었다. 그것을 바라보는 시민들의 시선에는 문화적 자부심이 가득했다.

독일사람들은 자국의 예술인을 평가할 때 그의 예술적 업적과 역사적 비판을 따로 떼어놓고 평가할 줄 아는 성숙하고 세련된 역사의식을 가지고 있었다.

인생은 한갓 우슬초 같은 허망한 존재가 아닐까? 예전에 사당동 미당의 집을 조선일보 기자가 취재하여 쓴 기사를 본 적 있다. 〈미당의 하늘소풍 그 뒤〉라는 제목의 기사였다. 쓰레기로 덮인 그 집의 사진을 보며 난 가슴 한쪽이 떨어져 나가는 것 같았다.

특히 그의 구두 한 짝이 쓰레기 더미에서 보였을 때 사람은 가도 그의 헌 신발은 누에의 허물처럼, 번데기의 고치처럼 남는 것이로구나 하고.

이제 그 집엔 허허로운 바람만 가득했다. 오종종하던 정원은 간데 없고, 사람들의 비난과 서슬 푸른 비판의 칼날이 그 집에 봄날 벚꽃 날리듯 떨어져 황폐한 정원을 뒤덮고 있었다.

그 옛날 카랑카랑하던 목소리의 방정맞은 해피 대신 주인이 가고 없는 자리에 와서 끼니도 거르고 그 그리움으로 하루하루 말라가던 누렁이만 그 자리를 지켜주고 있었다. 그리고 나도 하루하루 헌 옷을 벗고 낡은 구두를 남기며 세월 속으로 점점 사라져 가고 있다.

* 서울시에서 현재의 봉산산방을 사서 관리하기 이전에 쓴 글임.

(2001년 作)

뿌리의 사랑

어느 날, 어느 문인이 행사 뒷풀이 자리에서 농담처럼 스치듯 말했다.

"이주리 시인, 진정으로…. 그러니까, 생에 마지막으로 하는 그런 연애 한번 해보자."

사람들이 많이 있는 자리에서 스치듯 하는 농담이었지만 나는 순간 주위가 모두 휘발해 버리고 나 혼자만이 벌거벗고 마치 거울 앞에 앉은 기분이었다. 왜냐하면 난 촌스럽게도 연애와 사랑을 아주 선명하게 구분하지 못하며, 그 사랑이라 함은 너무 깊고 고귀한 것이라서 늘 자신이 없었기 때문이다. 그냥 서로가 좋은 느낌만으로, 아니 서로의 영혼을 바라볼 수 있는 자질을 가진 사람들이라 해도 그렇듯 쉽게 말할 수 있는 것이 아니라는 평소의 생각 때문이다.

그때 나는 이렇게 말했다.

"그러면 선생님의 전 존재를 던지세요."

이렇듯 웃으며 재미있게 거절하곤 하지만 전 존재를 건다는 건 사실 얼마나 무서운 말인가? 그리고는 사랑이란 늘 "All or Nothing!"이 되어야 할 유일한 것이라 생각했다.

난 늘 남편에게 이걸 원했었다. 사실 남편은 객관적으로 봤을 때 나에게 잘해 주었고, 나름대로의 방식으로 나를 사랑했을지도 모른다.

그러나 나는 그에게 이렇게 말했다.

"당신의 전부가 아니면 싫어!"

그러다 보니 말없이 상처받는 일도 많았을 뿐 아니라 그에게 감사하는 마음보다는 원망하는 마음이 더 많았던 것 같기도 했다. 그는 몰랐겠지만 하루 사이에도 마음속으로 열 번씩 감정의 폭풍이 불고 애증의 파도타기를 반복했었다. 오랜 시간이 지난 후 나는 결국 그런 사랑은 인간들 사이에서는 불가능한 것이라는 결론을 얻기도 했다. 사랑은 애초에 없는 것이야. 그냥 사랑이란 것에 우리가 각자 나름대로 색칠하고, 오려 붙이고, 잘라내기도 하는 일종의 눈치 채지 못할 착각일 뿐.

그렇다면 사랑이 불멸할 방법은 한쪽이 죽어서 한쪽의 가슴에 남거나, 작품으로 만들어 액자에 넣어두거나 하는 방법밖에 없어. 이렇게 생각하니 쓸쓸하기 짝이 없었다.

그리하여, 나는 사랑이란 이름으로 슬퍼하지 않기 위해 나름대로 사랑을 구분 지어 이해하기로 했다. 뿌리의 사랑, 줄기의 사랑, 이파리의 사랑, 꽃의 사랑…. 이렇게.

꽃의 사랑은 서로가 서로에게 끌리는 꽃처럼 서로의 이쁜 모습에 매료되는 사랑이다. 남녀 사이에서 사실 이런 끌림이 없는 사랑이란 의미가 없는 건지도 모르겠다. 한눈에 몰입하듯 사정없이 끌려가는 매력의 상대를 만나기는 내겐 퍽 어려운 일이기도 했다. 좀처럼 한눈에 반한다는 것을 신뢰할 수 없는 성격이기도 하고, 그런 종류의 몰입은 보다 정신적이지 않아서 평소에 좀 꺼려 하는 일이기도 했기 때문이었으리라.

언젠가 봄날 온 천지가 붉은 피를 남김없이 토해 놓은 듯

방대한 철쭉의 군집이 있던 덕유산에 올랐을 때 나는 세상에서 가장 매력 있는 남자를 만나 한눈에 반해버리듯 가슴이 뛰었다. 마침내 필이 한순간에 꽂혀버린 것이었다. 꽃의 색깔은 잘 차려입은 남자의 패션센스 같았고, 꽃의 향기는 근사한 남자의 체취와 같았고, 꽃이 핀 자리 자리는 멋있는 남자의 걸음걸이로 비유한다면 너무 속된 비유일까? 아무튼 나는 한눈에 반하는 사랑의 경험을 했었다. 꽃의 사랑은 꽃의 아름다움에 취하는 것과 같은 사랑, 그것이 단순히 호르몬에 이끌린 사랑이라 할지라도 이것은 남자와 여자 사이에 영원히 존재하는 매력있는 상호작용일 것이라고 본다.

줄기의 사랑이란 식물이 줄기를 통해 양분을 주고받는 것처럼 사람과 사람 사이에서 상승작용을 할수 있는 보다 생산적인 사랑이다. 이런 사랑은 꽃잎의 사랑보다는 달콤하지 않아도 서로에게 도움을 주는 사랑이라고 볼 수 있다. 언젠가 그림 같은 한 쌍의 부부를 본 적 있다. 한 사람은 남은 인생을 문학이란 외길로 채우고자 하며, 한 사람은 이과 전공으로 자신의 분야에서 완벽한 전문인이 되고자 노력하는 사람이었는데 서로가 서로의 일에 문외한이긴 하지만 상대방의 일에 도움을 주려고 노력하는 부부였다. 아내는 남편이 외국에서 공부를 할 때 모든 것을 다 걸고 헌신했으며 지금도 남편을 위해 비판없이 습관처럼 남편의 혀와 입이 되어주고 있다. 남편은 그런 아내가 글을 쓸 때 방해받지 않고 쓰게 해주고 싶어 자신의 시간을 일부러 나누어 가사일을 도와주며 아이들도 돌보고 가끔 밤새워 아내가 글을 쓸 땐 커피나 과일을 깎아주며 아무 말 없이 등을 토닥이며 격려해주는 그런 사람들이었다. 우연히 그집에 놀러 가서 그 모습을 본 나는 그때 그 풍경이 오래도록 잊히지 않았다. 줄기의 사랑, 난 이런 결혼 생활을 오랫동안 꿈꾸어 왔다.

이파리의 사랑이란 그늘을 드리워주는 사랑으로 희생이 동반된 한쪽이 한쪽에게 온전히 주는 그런 사랑이라 이름 붙인다.

내가 아는 어떤 부부의 이야기이다. 나의 직장에는 1급 전신마비 장애인으로서 겨우 머리와 가슴 위만 움직일 수 있는 직원이 있다. 그는 다리는 물론 손이 움직이지 않기 때문에 손가락에 볼펜 크기만 한 특수하게 만든 지렛대처럼 막대기를 끼워 컴퓨터 자판을 두들긴다. 어차피 막대기의 구조상 독수리 타법밖엔 방법이 없는데 그 속도를 보면 1급 워드 자격증을 땄을 정도로 빠르고 정확한데 놀란다. 그는 늘 깨어 있는 사고로 노동부의 브레인적인 위치를 지키고 있다. 그의 일에 대한 열정과 장애를 딛고 일어선 인간승리도 그렇지만 그의 아내는 나를 항상 감동시킨다. 사회복지사로서 장애인들을 위해 그의 젊음과 정열을 바치고 있던 그녀는 1급 전신마비 장애인인 내 동료와 결혼하여 그에게 일로써, 남편으로서 새 삶을 살 수 있게 해주었던 천사이기도 하다. 그녀는 몸을 움직일 수 없는 그를 대신하여 손과 발이 되는 힘든 일상을 아주 즐겁게 해내고 있으며 실제로 그 둘의 삶을 보면 정상적인 부부 사이에서 볼 수 없는 일종의 존경과 신뢰를 언뜻언뜻 보곤 한다. 그들은 서로에게 있어서 푸른 이파리의 사랑을 주고 있다. 그녀의 남편은 직장에서 일을 잘하여 상사나 동료에게 인정받고 무엇보다 그의 탁월한 업무능력으로 실업의 긴 터널을 빠져나오게 한 민원인들에게 존경을 받는 것으로 그녀에게 보답하고 있다.

끝으로 뿌리의 사랑이란 온 존재를 던져서 서로가 서로에게 생명으로서 자리하는, 인간으로서 좀처럼 하기 어려운 사랑이다. 여기에는 서로에게 끌림은 기본이고, 존경, 희생, 배려, 보호, 그리고 전인적인 휴매니즘까지 보다 근원적인 사랑을 말한다. 나는 이것을 '푸른사랑'이라 이름 붙이기도 했다. 한 사람이 한 사람을 총체적으로 이해하는 데서 오는 일종의 자웅동체가 되는 그런 사랑, 그런 사랑은 대낮을 견디며 여름날 오후의 햇빛을 견디며 그 믿음으로 사막을 건너는 그런 사랑….

나는 이런 사랑을 꿈꾼다. 그것은 나로서는 영원히 불가능하다는 것을 알기 때문에 더 절실히 꿈꾸는 것인지도 모르겠다.

앞으로는 내 사랑에도 개혁이 필요하리라. "All or Nothing"과 같은 위험한 극단, 이미 완성된 사랑, 인간으로서 실현되기 어려운 사랑을 꿈꾸기보다 지금, 이 자리에서(here and now) 보다 업그레이드된 사랑을 할 수 있는 노력의 과정으로서 사랑을 받아들여야 하지 않을까.

사랑은 결론이 아님을, 완성되지 않은 어떤 것을 완성이라는 것을 향한 몸부림이며 노력이며 지켜가는 과정임을 겸허히 받아들여야겠다. 그리하여 어느 날, "이 시인, 나와 함께 생에 마지막 사랑을 해보지 않을래?" 이렇게 말하는 사람이 있을 때 그의 마음을 보다 깊이 이해하며, 얼렐레, 어머, 흉해라, 이렇게 대응하지 않고 그에게 꽃의 사랑, 줄기의 사랑, 이파리의 사랑, 그리고 뿌리의 사랑에 대하여 이야기 해주리라.

어느덧 봄은 꽃잎 하나 무심히 떨구듯 야단스럽지 않게 내게 또 하나의 사랑관을 선물해 주었다.

세포 사이사이의 삼투압이 흐려지고 세포 사이의 벽이 흐물흐물해져서 살면서 가슴에 맺힌 것, 꽂힌 것, 박힌 것들이 모두 풀려나올 것 같은 그런 봄날 오후, 난 커피를 마신다. 눈을 빛내며.

(2007년 작)

사랑과 이별

가끔 지나간 날의 삶의 풍경을 들여다보고 싶어진다. 그럴 때마다 고등학교 때부터 써왔던 일종의 일기장이나 잡다한 산문을 써놓았던 노트들을 뒤적이곤 한다. 벽장이나 창고에 두었던 탓일까? 판도라의 상자를 개봉하듯 두근거리는 마음으로 열어보면 갈피 갈피마다 갈색 얼룩이 무늬져 있고, 겉장은 세월의 무게만큼이나 두꺼운 먼지가 묻어있다.

그것들을 펼쳐보면 마치 내 얼굴이 시간의 캡슐을 순식간에 통과했어도 어쩔 수 없는 주름살이 늘어가듯 글자 하나 하나가 좀 늙어 보인다. 문장과 문장들은 굽어진 허리로 서로 뜨겁게 안은 채 날 쳐다본다.

본격적으로 글을 읽는다. 난 너무 많이 나 자신이라는 주관을 싣지 않기로 한다. 뜨거움과 눈물 · 회환 이런 것들을 모르는 척하며 냉정한 독자가 되어 보기도 하고, 지나가는 행인이 창을 통해 방안의 풍경을 보는 그저 무심한 눈길이 되어보기도 하면서.

그러나 지나간 날의 흔적은 한 줄 한 줄이 기억과 추억이라는 값비싼 경험을 지불한 것이어서 냉정하고 객관적인 독자의 눈이 자꾸 허물어지고 눈가가 흐릿해지며 추억의 뜨거운 포옹에 사로잡히기 일쑤이다.

한 인간의 단계, 단계별 역사를 짐작게 하는 문장들을 읽어본다. 문장들은 조금은 폼을 잡고 있다. 콜셋 두르듯 슬픔을 두르고 있다. 그렇고 그런 글들이다. 그런 문장들 중에 내 시선을 확 잡아끄는 매력 있는 문장을 발견했다.

사랑과 이별에 대한 단상 같은 것이 짧게 적혀 있다.

〈평온해진다는 건 사랑에 대한 모독이다〉

어떤 시인은 말했다.

날마다 회오리가 가슴에 갇혀

빠져나오지 못하고 몸부림치는
적어도 내 생의 한 부분을 허무는 폭풍.
이것이 이별 후 상대에 대한 최소한의 예의다라고
생각한다면 궤변일까?

그때의 기억을 끄집어 내는 데 별로 힘이 들지 않았다.

아, 이때 난 사랑하는 사람과 헤어지고 날마다 삶과 죽음이 아무런 의미가 없었다. 미치도록 슬프다거나 폭풍 같은 분노의 회오리로 가슴을 여미지 못하겠거나 하는 극단적인 감정이 계속되다가 남겨진 나에 대한 책임을 열등감처럼 심하게 느끼다가 그것이 지나니 이상하게도 한동안 감정의 무풍지대가 되어버리는 것이었다.

한참 삶 저편에 죽음이 있다면 한 번 강을 건너가 보고 싶다는 욕구가 나를 지배했다. 날마다 살고 싶다와 죽고 싶다의 줄타기를 아무도 몰래 마음속에서 했던 때 허방 한번 짚으면 죽음의 나락으로 떨어지기도 했을 때였다.

그런데도 나는 나라는 전 존재를 자존심이라는 지렛대로 삼고 조용히 유지시켰다.

급기야 장이 움직이지 않고 그대로 멈춰버렸다. 이름하여

'장(腸) 마비'라는 것이었는데 대변을 며칠 보지 못하면서 배는 풍선처럼 자꾸 불러오고 위(胃)에 경련이 발작적으로 일어나 곤란을 겪어야 했다. 그 뒤로도 내장의 근육들은 종종 내 의지와는 다르게 경련을 일으키거나 멈춰 버리는 형식으로 운영되어 날 괴롭히곤 했다

그러나 겉으론 너무도 담담해서 마치 음식으로 말하면 소금도 조미료도 넣지 않은 아무 맛 없는 상태가 계속되곤 했다.

잊음으로써 고요하게 침잠된 자아라고 스스로 생각하고 싶었는지도 몰랐다. 어쩌면 떠나보낸 사람을 무관심이라는 영원한 무례로 복수를 하고 싶었는지도 모르고, 잃어버린 나의 자존심을 찾는 유일한 길이었다고 생각했던 것 같기도 했다.

복수든 자존심의 회복이든 진정으로 마음으로 되찾은 안정이나 자신과의 화해로 인한 평화였다면 얼마나 좋았을까? 늘 나는 슬픔과 분노의 폭풍을 덮어두고 흔들리지 않는 무관심으로 위장하고 있었던 것이었다.

사랑했던 깊이만큼 이별의 아픔은 정직하게 비례하고 그 후에 밤마다 몸부림치는 가슴을 그 어두운 마음속 동굴 속

에 깊이 유배시키는 엉큼한 짓을 해왔던 나는 죗값으로 얼마의 형을 받아야 했는가?

결국 종신형을 받았고, 나는 지금도 복역 중이다.

베란다 창문이 유난히 바람에 들썩이거나 불면의 대가를 치르는 밤, 엷어지긴 했지만 여전히 아픈 상처 부위를 누르며 하나님께 외쳤다. 내가 죽은 다음으로 형을 유예시킬 수는 없습니까? 하고.

말랑말랑하여 스치기만 해도 유난히 흠집이 잘 나던 내 감성에서 오는 상처를 이젠 일회용 밴드만 붙인다면 너끈히 덮을 수 있는 사소한 것으로 여기고 사랑과 이별 같은 거대한 슬픔 덩어리들도 이제는 피를 철철 흘리는 대신 묵묵히 피가 멈출 때까지 기다릴 줄 아는 방법도 체득하게 되었다. 그러나 가슴에 새겨진 크고 작은 상처들을 담담한 나이테처럼 바라볼수 있는 뿌리 깊은 나무가 되긴 아직 멀었다고 생각한다

가슴에 박힌 가시들을 뽑아내며 지샌 밤과 낮…….

십수 년이 지난 최근의 노트에서 나는 이런 시를 썼다.

누군가의 가슴에 꽃잎으로 남는다면

젖은 눈썹 풀섶에 두고 돌아선
아린 이별이어도 좋으리

사는 내내 가슴속 휑한 길 뚫려
차마 걸음 내딛지 못하는 망설임과
안으로만 안으로만 울리는 파장 속에
자폐로 가두어버린 詩의 목소리
술로도 잠재우지 못한 부릅뜬 고독

누군가의 가슴에 꽃잎으로 남는다면
밤내 지긋지긋한 흉통의 딱지 앉은 새벽
피는 것보다 지는것을 먼저 알아버린 꽃의
아픈 이야기 전하는,
남은 피 다 흘려 가늘어진 발목의 비둘기여도 좋으리

나는 정말로 그리도 온 존재가 저리고 아팠던 이별과 화해를 했는지도 모르겠다. 물속에 잠긴 조약돌처럼 내 슬픔은 세월의 강이 조용히 흐르는 동안 귀퉁이가 닳아져 갔을까? 귀퉁이를 깎고 깎으며 뾰족한 예각의 감각점을 이젠 둔

각으로 변화시켰을까?

그리하여 어느 날, 누군가의 가슴에 꽃잎으로 남는다면… 하며 이별을 진심으로 껴안았을까?

사는 동안 사랑과 이별에 관한 한 미진한 아쉬움이나 여한이 없다 목숨 걸고 사랑했고, 이별을 뜨겁게 안았다. 그거면 되지 않은가?

이젠 모범수가 되어도 좋으리. 울컥울컥 목울대로 치미는 아픔들을 내 긍정의 자아로 다듬어 가야겠다.

어쩌면 목숨 다하는 날까지 자유로운 모범수로 살아갈 수 있을지도 모르겠다.

(2000년 作)

내 경우엔 사람을 볼 때 맨 처음 눈길이 가는 곳이 손이다. 손의 형태에 상관없이 손의 분위기가 마음에 들었다 하면 무턱대고 그 사람을 믿고 싶어진다.

그가 걸어온 생이 여과 없이 그대로 보여지는 곳이 손이기 때문이고, 좀처럼 감출 수 없는 무방비 상태의 진실한 표정이 손에 있기 때문이다.

붉은 작약처럼 화려한 모습의 여인에게서도, 웬만한 건 너끈히 해결할 수 있을 것 같은 자신감 넘치는 능력 있는 남자에게서도 웬일인지 손을 보면 그들이 입으로 말하지 않은 그 어떤 것, 남들이 다 아는 것 말고도 자신만이 간직한 많은 것들이 녹아있음을 읽는다. 나는 그들의 말보다 그 느낌을 더 믿는 편이다.

문득 엄마의 손이 생각났다.

엄마는 외모에서부터 여리고 고운, 천상 여자였다. 자그마한 키와 마른 체격, 약간 고개를 숙이고 걷는 우아한 걸음걸이, 지성적인 목소리, 흐트러지지 않는 백작부인 같은 말투, 약간의 내숭과 새침은 그녀의 선택 과목이었다.

자식인 나라 해도 만약 그녀에게 소리를 지른다면 그만 땅으로 꺼져 버릴 것 같은 안타까운 여성스러움이 어떨 땐 부담스럽기도 했다. 한때는 친구들이 그네들의 엄마에게 하듯 그냥 맘 편하게 투정하고 화내고 내게 필요한 걸 당당하게 요구할 수 있었다면 좋을 텐데 하는 생각을 하기도 했었다.

그런 엄마였지만 그녀의 손을 보면 생각이 달라진다.

"내 손은 머슴 손이야" 하며 유난히 손 내밀기를 부끄러워하던 그녀였다. 엄마의 손은 작았고 지나치게 가늘고 손바닥엔 살이 너무 없어서 뼈에 간신히 입혀진 가죽이 안타까울 정도였다. 세월의 무게만큼이나 거칠어진 손….

게다가 손 전체가 주름투성이었다.

손바닥을 보면 잔손금이 그물처럼 얽혀져 손금만 보고도 남에겐 말 못할 복잡한 그녀의 내면의 감정과 생 전체에 대한 피곤함이 읽혀졌다.

그 손으로 박봉의 부부교사 월급으로 내가 초등학교에 들어가기 전에 넝쿨장미가 만발한 양옥집을 샀고, 그 손으로 늘 병약했던 나를 업고 병원을 드나들었으며, 그 손으로 다섯아이들의 내복을 빨고, 그 손으로 생의 무거운 저울추를 혼자서 감당해냈던 것이다.

그녀의 손이 생존과 생활이라는 맵고 건조한 것에만 쓰인 것은 아니었다.

다섯 남매가 빨간 내복을 입고 다 잠든 밤, 문풍지가 유난히 소리를 내는 겨울밤, 그녀의 가슴에서 대책 없이 글이 튀어나오는 밤에는 한쪽 다리가 건들거리던 앉은뱅이 밥상을 펴놓고 원고지에 가끔 파란 잉크가 뭉텅이로 분출되던 금색 파이로트 만년필로 글을 써내려 갔다.

엄마에 대한 의리파요, 순정파였던 우리 아버지. 약간 건조하고 성실한 그는 자기 식으로 끔찍하게 엄마를 사랑했다. 그러나 전형적인 선생님에 건실한 생활인이었던 아버지로부터 엄마는 문학과 감성에 대한 이해를 받지 못했다. 아버지 입장에서 보면 엄마의 문학에 대한 열정은 자기로서는 말릴 수 없는 일종의 사치스러운 취미쯤으로 이해했다. 그리고 그런 겨울밤 자기와 같이 자주지 못하는 아내에 대한 속상함과 서운함을 가끔 표현하기도 했다.

그녀는 내면의 상처받기 쉬운 감수성과 감정들을 어떻게 수습했었을까? 그물맥 같은 손금 속에 푸른 에너지로 튀어나온 그녀의 세심한 감성을 가두고 있었던 건 아니었을까?

오늘은 맘먹고 내 손을 곰곰이 뜯어보았다.

삽십여 년의 시간의 강을 건너온 후에 기가 막히게도 엄마의 손과 닮아있다.

"이렇게 작은 손으로…. 화초에 물이나 줄 손으로…." 나를 아는 정다운 지인이 나와 헤어지며 악수를 청한 뒤 내 손을 잡고 말했다. 그도 나의 손에서 내가 엄마의 손에서 느꼈던 연민을 읽었던 것일까? 등이 휠 것 같은 만만찮은 나의 현실의 무게를 알고 있는 사람일수록 내 손에 갖는 연민이 더 컸다.

"내가 핸드크림 하나 사줄까? 주리야." 다른 친구는 그 연민을 이렇게 돌려 말하기도 했다.

머리와 가슴이 정신의 도구라면 손은 절대적으로 노동의 도구이다.

또한 앞모습이 누구에게나 인정받는 외면의 보편타당한 가치라면 뒷모습은 숨겨진 진실의 가치를 지녔다. 자는 사람의 손을 가만히 들여다보라. 그가 얼마나 평소에 악했다 해도 말 없는 그 손 속에는 한때의 수줍음과 순결함이 살포시 숨어있다. 그가 평소에 아주 자신만만해 있어도 그 손에는 생활을 헤쳐온 눈물겨움이 묻어있다.

아무 말없이 눈을 쳐다보며 하는 악수는 또 얼마나 믿음직한가? 그 침묵의 손은 소리로 나타낸 말보다 언제나 더 웅변적이다. 아니 그것보다 더 뜨거운 무엇이 있다.

노동부는 내 직장이며 생존의 터전이다. 청소년 직업지도 업무를 맡기 전 민원실에서 임금체불, 산재 등 사회가 준 고통으로 상처입은 짐승처럼 갈라진 가슴을 가진 노동자들의 수많은 손을 보아왔다. 그때마다 삶이 힘들어도 희망의 풀씨마저 그들 마음속에서 없어져 버리면 어떡하나 하고 난 늘 조바심을 내곤 했다. 그러나 갈라지고 부르터 있어도 세월 속을 헤쳐온 강인한 냄새가 나는 그들의 손을 볼 때마다 나는 이내 안심하기도 했다.

엄마가 돌아가셨을 때였다. 몸에서 여전히 온기가 느껴져 숨이 거두어졌다는 실감이 나지 않았을 때 흔들의자 위에 올려져 있던 그 손을 보았다. 거칠고 마른 손. 한평생의 행한 궤적이 한 사람의 역사처럼 고스란히 어려 있는 손, 손의 표정이 얼굴의 표정보다 기억 속에 더 오래 각인된다는 것을 그때 알았다.

오늘도 나는 엄마 닮은 거칠고 마른 내 손을 바라본다. 그리고 이런 손이 되었으면 하는 바램을 가져본다.

배고픈 사람의 식사를 차리는 손, 절망하는 사람의 등을 쓰다듬는 손, 자신 없어해 하는 사람의 용기를 북돋워 주는 손, 그리고 한 줄의 시에서 삶의 희망을 찾는 사람들에게 희망의 그 한 줄을 쓰는 손…

옛말에 나이 사십이 되면 얼굴에 책임을 지라는 말이 있다. 손에도 표정이 있다면 손에도 책임을 져야 하지 않을까. 이런 책임질만한 손의 표정은 머리에서 인식하고 가슴으로 느끼는 것만으론 부족하다. 행하는 손이라야 가능한 것이다. 누가 말했던가. 사랑은 명사가 아니고 동사라고. 손에는 만만찮은 그 사람의 역사가 들어있다. 행함으로써 가지는 그 사람만의 독특한 향기가 있다.

나는 손에게 물었다. 너는 너 아닌 다른 사람을 위해 행하는 손이었냐고. 그리하여 참으로 아름다운 손이었냐고. 몇 번 물어보다 이내 깨달았다.

부끄럽다.

(2006년 作 · 2019《좋은수필》 게재)

셋,

심하게 하강했던 나의 시소는

이제 위를 향해 가고 있다.

아, 이것이 인생의 평형이었구나.

나를 만든 신에게 깊이 감사했다.

하강의 차가운 경험이 없이는

상승의 기쁨을 알지 못했을 것이다.

진정한 의미의 평형은 상승과 하강 속에서

그 균형을 찾아가는 것이구나

수필 <시소> 중에서

시소(See-Saw)

아파트 놀이터. 겨울바람 속에 시소가 서 있다. 사실 그가 서 있는지, 누워 있는지, 아님 앉아 있는지 우린 알지 못한다. 시간이 허락한 부동자세로 그저 있을 뿐이다. 아이들이 떠난 시소는 마치 시체 같다. 그렇다. 시소는 지극히 관계 지향적인 존재이다. 혼자서는 탈 수 없는.

그에게 있어서 우리가 원하는 평행은 존재하지 않는다. 있다 해도 순간의 평행이 있을 뿐이다. 내가 더 무거우면 내 쪽으로, 상대가 더 무거우면 상대쪽으로 기우는 온전히 '무게'라는 기준만 있는 그 단순함이 좋다. 어쩌면 생이란 그 시소 위에서 기를 쓰고 내려오고, 기를 쓰고 올라가는 반복인지도 모른다. 언젠간 평형에 도달되겠지 하며 평형을 이상향으로 삼고 위로, 위로, 아래로, 아래로…. 반복적 습관으로 일상을 살아내는 것, 그것이 삶일지도 모르겠다.

어릴 적 기억이 조각조각 퍼즐 조각처럼 펼쳐진다. 기찻길 옆, 개천에 노을처럼 지던 넝쿨장미. 물려받은 재산은 놋수저 한 벌이 전부였던 엄마의 결혼 생활, 그리고 첫 선물인 나, 부부 교사였던 엄마의 염원은 셋방살이 탈출이었다. 그녀는 당당히 내가 초등학교 입학 전에 셋방을 탈출하여 진북동 기찻길 옆에 양옥집을 샀다. 문패에는 아빠 이름을 달고 큰딸에게는 분꽃과 치자꽃, 넝쿨장미가 흐드러진 화단을 선물했다. 화단 옆 큰 나무에는 널빤지와 밧줄로 만든 그네도 매어 주었다. 나는 양갈래로 머리를 묶고 그네를 제비처럼 타곤 했다.

상승과 하강의 그 짜릿한 느낌을 지금도 잊을 수 없다. 시소가 주는 상승곡선보다 폭이 큰 상승의 기쁨. 엄마는 부부 교사 월급의 80프로는 집을 사는 데, 15프로는 첫딸인 내게 썼을 것이다.

1968년 금박무늬가 있는 《주부생활》 별책부록 엄마의 가계부에는 "시금치 10원, 꽁치 20원, 주리 고데 30원.….' 주리 고데는 시인이었던 엄마의 단 하나의 시적 충족이었을 것이다. 시인으로 태어났지만 철저한 생활인이 될 수밖에 없었던 엄마는 딸의 머리를 미장원에서 곱게 어루만지며 예뻐진 딸을 통해 엄마 가슴의 수선화 꽃밭을 가꾸었을 것이다. 또한 엄마는 리틀엔젤스라는 아동복 메이커의 옷들을 서울에서 주문해서 내게 입혔다.

그리고 옷마다 이름을 붙여 주었다. 진분홍색 원피스는 엘리자베스 여왕 옷, 초록색 나팔바지와 자켓은 피터팬 옷, 하얀 토끼털 외투와 가죽 부츠는 닥터지바고 옷…….

나는 그 시절 통신표의 성적으로 엄마의 프라이드를 충족시켜 주기만 하면 되었다. 나는 그때 시소를 타고 머리를 나풀거리며 엄마라는 양분을 거름 삼아 위로, 위로 올라가고 있었다.

갑자기 바람이 거세진다. 겨울 바람은 추위와 맞닿아 있다. 차가운 금속성 몸인 시소의 몸체에 선뜻 다가가지 못하게 하는 듯.

시골 고등학교 교사 시절, 오랜 애인을 운명에 빼앗기고 이국만리 독일에서 유학생이었던 남편과 결혼을 했다. 그의 아내가 되어 독일(그때만 해도 서독이었다.)에서 결혼생활을 시작했다. 독일어의 알파벳도 모르고 간 독일에서 처음으로 공부에 대한 욕심이 생겨 밤을 밝혀 공부하고 성적으로 눈부신 발전을 했었던 그 인식욕에 출산과 육아로 인해 발목이 잡히게 되었다. 아이가 태어나고 도저히 둘이 함께 공부할 시간도, 돈도 여유도 없었다.

남편은 모젤강으로 나를 불러 인생을 놓고 제안을 했다. "네가 5년 만에 석사, 박사를 딸 수 있나? 그렇다면 내가 5년 동안 아이를 키우며 네 뒷바라지를 하겠다. 그럴 자신이 없다면 니가 육아를 맡고 나를 뒷바라지하는 게 어떠냐."는 제안에 나는 인생을 놓고 모젤강에서 가위바위보를 하자고 했다. 결과는 내가 이겼다. 그럼에도 불구하고 나는 내 공부를 포기하고 남편의 공부에 힘을 보태기로 했다. 대신 아이를 훌륭히 키우자. 독일에서의 삶은 날마다 울어야 했던 시간들이었다. 그저 우는 것밖에 해결방법이 없었으므로. 나는 모든 걸 포기하고, 그저 혹독한 현실만 헤쳐나가며 남편만 바라보는 아줌마가 되었다. 결혼 생활 내내 어디 가서 내 이름을 찾아야 할까, 내 이름의 실종신고를 해야 했던 나날들이었다.

그리고 한국. 정서가 맞지 않아 가끔 작은 싸움은 했지만 철저하게 믿었던 남편의 배신, 그것도 내 눈앞에서.

그때 난 아무런 대항력이 없었다. 자존심 대신에 춥고 가난한 현실을 홀로 받아들이기로 했다. 50킬로도 되지 않는 여자가 500킬로의 생의 짐을 들고 두 아이들을 한 손에 잡고 매번 비틀비틀 걸어야만 했다. 때로는 넘어져 나뒹굴기도 했다. 겨울의 추위는 정말 혹독했다.

내 인생의 시소는 아래로 아래로 급히 하강했다. 엉덩이가 바닥에 닿을 때 느껴야 했던 그 차가운 금속성의 촉감을 지금도 잊을 수 없다.

아이들은 다행히 죽순처럼 잘 자라주었다. 딸은 그 계통에서는 상당한 웹 어워드 대상을 탔다. 덕분에 회사에서 빵빵한 성과급을 받았다고 이번 설에 엄마에게 온천여행을 선물했다. 딸은 숙소와 온천 워터파크 입장, 그리고 식당까지 모두 예약하고 엄마에게 고단했던 지난날을 보상해 주듯 진정한 휴식을 선물해 주었다. 그동안 딸은 명절, 생일, 어버이날에 어김없이 내가 내 월급으로 사지 못하는 핸드백, 선글라스, 옷 등의 선물을 해주었는데 여행과 휴식을 선물 받은 것은 처음이었다. 덕분에 설 연휴에 가족들과 즐거운 시간을 지냈다. 어느새 나의 짐을 나누어지고자 하는 아이들 덕분에 난 이제 살 만하다.

아이들은 결핍을 자산으로 삼았다. 나의 유년에 엄마가 내게 선물했던 그 풍요롭고 달콤한 여유를 나는 아이들에게 줄 수 없었다. 대신 두 아이들은 대학교까지 모조리 장학금을 받고 알바를 해야 했고, 큰애는 취업을 한 회사에서 인정을 받으며 근무하고 있으며 작은애는 군대를 갔다 와 다시 복학해 학교에서 장학금을 받고 열심히 공부하는 것 같아 대견했다.

심하게 하강했던 나의 시소는 이제 위를 향해 가고 있다. 아, 이것이 인생의 평형이었구나. 나를 만든 신에게 깊이 감사했다. 하강의 차가운 경험이 없이는 상승의 기쁨을 알지 못했을 것이다. 진정한 의미의 평형은 상승과 하강 속에서 그 균형을 찾아가는 것이구나 하는 것을 새삼 느낀다.

시소는 왜 하필 영어로 '보다(see)'와 '보았다(saw)'라는 의미의 이름을 가지고 있을까? 한 사물에게 현재와 과거의 시제가 한꺼번에 부여되는 그런 이름은 드문 일이다.

내 인생의 곡선과 변곡점마다 상승과 하강이라는 시소의 평형을 찾아가는 과정이 과거와 현재 그리고 미래 시점이 한꺼번에 적용되었던 것이다.

지금 아파트 놀이터에 시소가 겨울바람 속에 서 있다.

곧 봄이 되면 아이들의 재잘거리는 함성과 몸무게가 비슷한 또래 아이들의 상승과 하강의 즐거움을 시소는 또 한 번 기꺼이 감당할 것이다.

(2020년 作 · 2020년 봄 《수필세계》 게재)

수건

얌전하지 못한 딸아이의 소행이었을까? 수건이 제자리에 걸려있지 않고 문 손잡이에 아무렇게나 걸려있었다. 마치 죄 없이 골고다 언덕에서 십자가에 못 박힌 예수처럼 구겨져 팔을 벌린 채 고통스럽게.

시골 운동회날 하늘에 걸린 만국기 색깔같이 촌스러운 분홍색, 노란색 수건이지만 그 수건은 세상의 물기란 물기를 깨끗이 닦아주고 고된 삶 속에 스민 굽이굽이 서러운 눈물을 다 안아주던 위대한 포용력을 지니고 있다.

천둥이 번쩍번쩍하더니 굵은 빗방울이 후두둑 후두둑 내리기 시작하던 날, 아침에 감은 샴푸 냄새가 가시기 전인 내 머리카락 위로 급기야 산새의 급한 설사처럼 비가 억수로 내리던 날, 널 잃고 네가 오던 길목 위를 미칠 것 같은 그리움으로 헤매던 바로 그 날, 그 그리움이 땅 위로 떨어져 뒹굴던 가랑잎도 머리를 풀고 흐느끼던 날, 헝클어진 머리를 닦을 생각도 않고 정거장 매표소 앞에서 행선지 없는 차표 한 장을 사 들고 허망해지던 날, 헐렁한 조절나사로 겨우 죄어 둔 가엾은 이성이 제방 무너지듯 물이 되어 넘치던 날, 그 많은 세월 크고 작은 사건의 나날 속에서 수건이 필요하지 않은 적이 있었던가. 내 유년의 뜰에도 곱게 접혀진 색종이처럼 수건은 존재했었다.

그날은 정말 억세게 운이 없는 날이었다. 시험 보는 날늘 내 성적을 미리 알고 있던 엄마였다. 나 외에 단 한 아이의 성적만 알면 내가 몇 등인지가 결정되었다. 엄마의 성적에 대한 집착은 그 시절 나를 몹시 부담스럽게 했었다. 그런데 난 그날도 터무니없이 시험을 망쳤다. 엄마의 실망을 감당할 수 없었던 난 방과 후에도 집으로 가지 않고 교실 책상에 엎드려 있었다. 그날따라 집으로 간다는 것이 참으로 두려웠었다.

한참을 그러고 있는데 운동장에서 놀고 있던 여자 친구들이 교실로 들어와 안 하겠다는 날 굳이 데리고 가 고무줄 놀이에 참가시켰다. 아이들은 탄력을 이용한 걸치기의 대가였던 날 이용하려는 속셈이었겠지만 나는 처음부터 내 의도는 아니었다 해도 일단 놀이에 열중했다. 엄마의 당부도, 내게 대한 실망도, 설날 어색한 한복처럼 입혀졌던 체면도 다 잊어버리고 머리가 헝클어지는지도 모르고 땀을 뻘뻘 흘리며 고무줄놀이를 했다.

서슬 푸른 해가 서산으로 넘어가고 배가 고파지자 아이들은 하나 둘씩 집으로 가고 운동장엔 허허로운 외로움만 가득했다. 갑자기 가족도 없는 고아처럼 쓸쓸해져서 늑목 위로 올라갔는데 땅보다 높은 곳에서 본 노을은 나를 이유 없이 울게 했다. 한참을 흐느끼며 울었다. 그 때였다. 우리 반 실장이었으면서도 별로 말이 없고, 단체 사진을 찍으면 육상부를 맡고 있던 건장한 우리 담임선생님과 키 차이가 별로 나지 않던 어른스러운 아이가 나타났다.

늑목 위에서 부리를 다친 새처럼 고개를 숙이고 울고 있다가 핏빛 노을을 쳐다보다 하던 날 언제부터 보고 있었던 것일까? 이윽고 체념한 듯 늑목에서 내려오자 그 아이는 수줍게 약간 축축한 손수건을 내밀었다. 손수건을 받지 않고 대신 거칠게 책가방을 손에 들고 걸어가는 내 뒤를 그 아이는 집요하게 따라왔다.

"가!"

뒤돌아서 신경질적으로 내뱉는 내 말을 아랑곳하지 않고 다시 한번 손수건을 내밀었다. 눈물 범벅에 땀 범벅이 되어 있던 나는 그때서야 수도장에서 빨아왔을 그 아이의 손수건을 받아들고 얼굴과 목과 손을 닦았다. 아침에 엄마가 양 갈래로 따주었던 헝클어진 머리도 다시 풀었다. 책가방을 무릎 사이에 끼고 머리를 다시 따기 시작했다. 생각같이 잘 되지 않았다.

"아, 참!" 하고 신경질을 내자 그 아이는 큰 키를 구부정하게 숙이고 내 머리를 섬세하게 다시 따주었다. 머리를 잠자코 맡기고 있던 난 이상하게 평화로웠다. 잠이 올 것 같았다. 깜깜해진 하굣길에서 다문 입을 열 것 같지 않던 그 애가 처음으로 입을 열었다.

"이쁘다!"

몇 달 전 병원에 입원했을 때 돌봐줄 사람이 없었다. 가족들은 미국에 있는 여동생의 초청으로 여행 중이었기 때문이었다. 그런 상황에서 아침에 출근하기 전, 점심시간에, 그리고 퇴근 후 집으로 가기 전 하루 세 번 내게 어김없이 들렀다. 어느 날 살풋 잠이 들었을 때 깊은 산속 절에서나 들리던 풍경 소리가 들렸다.

"어, 이게 뭐야?" 하고 눈을 떴다.

"응, 너 심심할까봐서…." 하면서 링거액 걸어놓는 철제 막대 위에 풍경을 걸어놓았다. 푸른 달과 별이 가는 줄에 여러 개 달려 있는 모빌이었다. 흔들리면 맑은 풍경 소리가 났다. 옆에 있던 아줌마 환자는 그 애가 내 남편인 줄 알고

"신랑이 사온 풍경 소리 들으면 행복해서 빨리 낫겠네. 나도 그 소리 들으면 이렇게 행복해지는데. 근데 젊은 사람이 신랑한테 야! 자! 하면 못 써."

우린 어깨를 들썩이며 서로 얼굴을 바라보며 웃었다. 어쩌면 삼십 년 전 그 날 이후 그가 나를 돌보는 것은 그 애의 습관이었을까?

왼손의 혈관이 터져 오른손으로 링거 바늘을 옮기던 날, 열이 나기도 했지만 그것보다는 마음대로 씻을 수 없는 불

만으로 기분이 우울했었다. 퇴근 후 찾아온 그 아이에게 사소한 일로 괜히 짜증을 내자 그 아이는 내게 "너 머리 못 감아서 신경질이구나?" 하더니 링거액을 받쳐 들고 세면장에 데려가 내 머리를 조심조심 감겨주었다. 아무리 친해도 또 아무리 방법이 없다 해도 친구에게 머리를 맡기고 있다는 것이 참 민망하던 참이었다. 하지만 옷이 젖지 않도록 바지 주머니에서 꺼낸 손수건으로 환자복 목 부분을 감싸고 너무도 진지하게 머리를 감겨주는 친구에게 난 창피함이나 민망함이 아니라 더 큰 편안함을 느끼고 있었다면 잘못된 감정이었을까?

"Out of Africa 에서 로버트 레드포드가 메릴스트립 머리를 무슨 꽃병 같은데 물을 담아 감겨주거든. 주리, 너 그 영화 봤니?"

"아니."

삼십 년 전 달빛 속에서 섬세한 손으로 내 머리를 따주던 그 손길, 그리고 그 손수건이었다. 그 애는 내 삶에 있어서 수건 같은 존재였다. 그 애는 내 선택의 순간에 항상 그 자리에 서 있었다. 마치 수건이 빨랫줄에 자연스럽게 걸려있듯이 한 번도 내 선택에 영향을 미치지 않았다.

삼일 동안 단식투쟁으로 난생처음 아버지에게 반항하던 대학 입시. 그 선택의 순간에도, 이십대의 대부분을 오직 한 사람만을 사랑했었고, 그 사람과 헤어져서 삶과 죽음이 별 의미가 없었을 때, 고등학교 교사 시절 부모님의 반대를 아랑곳하지 않고 가난한 애 아빠를 결혼 상대로 선택했을 때도, 엄마 아빠의 눈물을 뒤로하고 반대하는 결혼에 덧붙여 낯선 독일 땅으로 떠나고자 했던 선택의 순간에도, 또 그 선택을 총체적으로 정리해야 했을 아픈 순간에도…. 그 아이는 속상해서 또는 슬퍼서 흘리던 내 눈물을 언제나 제 자리에서 보고 있었다. 그리고는 그때마다 수건으로 흘러내리는 눈물을 닦아주었다. 난 오늘도 구겨진 분홍빛 수건을 보고 있다.

수건처럼 내 인생의 고단한 길목에 스민 슬픔과 갈등 속에서 그때마다 흘러넘치던 눈물을 다 닦아주던 친구도 남자인 탓에 가끔 불편할 때가 있다. 우린 친남매같이 삶 속에서 수건만큼 익숙한 습관과 같은 감정이지만 다른 사람들의 시각에 어떻게 보일 것인가 문득 궁금해지기도 한다.

"너도 내가 여자로 보이니?" 하면

"야, 그럼 니가 남자냐?" 하는 솔직한 대답이 고마워지는 것도 잠깐, 이어지는 장난스러운 말.

"니가 여자냐? 애기지. 마흔세 살 먹은 애기. 야, 이 주근깨야!"

그 아이는 가끔 전화를 한다. 그리고 묻는다.

"별일 없지?"

한 사업체를 이끄는 바쁜 일정 중에서도 또 내가 울고 있을까 하고.

삼십 년 동안의 습관처럼 내게 기꺼이 수건이 되어주기 위해서 나의 안부를 살핀다. 그럴 때마다 나는 생각한다. 나도 누구에겐가 단 한 순간이라도 수건이 되어준 적이 있었던가 하고.

(2004년 作)

민원실 풍경

민원실 창밖엔 노루가 귀를 쫑긋거릴 것 같은 수풀 냄새가 나는 민원인의 쉼터가 있다.

사람들은 민원실로 들어와 끊임없이 자기의 설움이나 억울함의 보따리 대책 없이 풀어놓곤 내게 만병통치약을 구하는 시선으로 상담을 하곤 했다. 그때마다 무거운 마음이었다. 과연 나는 이들에게 얼마나 도움이 되는 것일까 하고.

대개 민원인들을 유형별로 분류해보면 자기 설움에 겨워 눈물을 글썽이는 호소형, 세상이 자신을 배반했다는 배신감에 상처를 받아 아무에게나 쌓인 분노를 발산하고 싶은 폭탄형, 법의 적용이 어떠하든 내가 낸 세금으로 넌 그 자리에 앉아 있는데 요만한 것도 해결 못하느냐는 식의 조소형으로 나눌 수 있다.

어쨌거나 그들은 크고 작은 상처를 받고 민원실을 찾아오는데 그들의 치열한 삶 앞에 근로기준법이라는 단도를 들이대며 설명하는 나는 내 스스로에게 회의가 들곤 했다.

가끔 난 그들의 말, 말, 말에 지쳐 두통이 나려고 하면 무슨 치료제라도 되는 듯 창 밖을 통해 민원인의 쉼터를 바라보곤 했었다. 단감나무와 그냥 감나무 두 그루가 나란히 서 있는 저 너머엔 등나무가 제법 운치 있게 벤치를 에스코트하고 있었다.

봄날 오후 철쭉이 빈혈에 걸린 듯 바랜 색깔로 저 혼자 피었을 무렵, 몇몇 감독관들은 담배를 피우고, 장애인공단, 근로복지공단, 노동위원회 직원들은 나른한 고양이처럼 햇볕을 쪼이며 웅크리고 앉아 세태를 한탄하고, 센터의 상담원들은 끼리끼리 모여 앉아 윗사람들을 안주 삼아 수다를 떨던 곳이었다.

그러나 이젠 시간의 위력 앞에 나른한 봄 햇살과 여름의 푸르름을 다 내어주고 등나무 위엔 하얀 눈이 지붕처럼 덮여 있었다. 벤치 주위엔 추위로 인해 사람들이 그곳으로는 가지 않아 눈이 많이 내린 날은 마치 빙하기의 천년설처럼 발자국 하나 없다. 아름답고 편안했다.

코끝이 쨍하게 추운 겨울만의 상쾌함을 선사한 아주아주 추운 날, 멀리 민원인의 쉼터엔 민원실 창으로 뒷모습을 보인 한 남자가 보였다. 그는 아무도 그곳에 발자국을 남기지 않아 융단처럼 덮인 눈 위를 인장을 찍듯 성큼성큼 발자국을 남기곤 뒤돌아보며 자신의 발자취를 확인해 보거나 생각이 많은 듯 깊은 사색에 잠긴 모습이 보였다.

뒷모습만 보인 그의 어깨는 근심의 무게에 눌려 무거워 보였다. 난 마음속으로 나름대로 추측도 해보았다. '내 경험으로 봐서 그는 오랜 임금체불로 직장을 잃었을 거야. 처음엔 사업주가 불쌍해서 월급 달란 말을 못했을 거고, 지친 아내의 성화에 못 이겨 임금 얘기를 했을 때, 사업주는 돈이 없어 못 주니 법대로 하라고 했을걸.'

이윽고, 그는 많은 망설임 끝에 민원실 문을 열고 들어왔다. 그는 내가 그의 뒷모습을 꽤 오랫동안 봤을 거라는 걸 꿈에도 모르는 얼굴로 말했다.

"저, 노동부에선 노동 상담만 가능한가요?"

"꼭 그런 건 아닙니다만…."그의 직설적이고 명확한 태도에 오히려 내 쪽에서 말을 더듬었다.

"어떤 일로 오셨는데요?" 사뭇 사무적일 수도 있는 말투로 조심스레 묻자,

"제겐 일 열심히 하고 못 받은 임금도 중요합니다. 그런데 더 중요한 걸 잃어버려서…."

"어떤 걸 잃어버리셨나요?"

"제 사랑하는 아내와 딸을 잃어버렸습니다. 그들을 찾을 수 있게 도와주십시오."

"우선 앉으시고, 차근차근 말씀해 보십시오." 난 오랜 상담의 노하우대로 그를 앉히고, 상담에 들어갔다.

예상대로 그는 대학을 졸업하고, 한 직장에서 10년 이상 열심히 일해왔고, 아내와 딸에게 직장생활 때문에 좀 무심한 부분만 빼고, 나름대로 좋은 아빠였던 평범한 가장이었다. 그만의 책임이 아닌 사회적 책임이 더 큰 구조조정으로 직장을 잃고, 그 뒤 자신의 전공과는 무관하게 오직 생업만을 위한 직장을 이리저리 옮겨가며 근무하다 여러 달 동안 임금을 받지 못해 생활이 어려워지자 그 과정에서 지친 그

의 아내는 딸을 데리고 가출을 했다는 것이다.

사회적 책임에 불감증인 채로 살아왔던 내게도, 그의 이야기는 아픔으로 전해졌다. 자신의 의지와 다르게 또 자신의 잘못이 아닌 사회적인 대수술 앞에, 모두가 나누어 지어야 할 잘못인데도, 책임과 고통을 오직 그 혼자 맨몸으로 받아내고 있었다.

"임금체불 문제는 진정서를 써주시고, 그러면 담당 감독관이 조사를 해서 지급지시를 할 겁니다. 그런데, 사모님과 따님을 찾는 일은 제가 어떻게 도와드리면 될까요?"

"고용보험 전산망이 있다고 들었습니다. 아마도 집사람은 어디 식당 일이나 판매직 쪽에 직장을 잡았을 수도 있거든요. 그곳에 취업이 되면 전산에 뜨지 않나요?"

나는 잠시 개인정보유출에 대한 내 직업윤리에 고심했다. 그는 다시 애절하게 말했다. "제발 도와주십시오. 전 그 사람 없이는 아무것도 할 수 없습니다. 친구 트럭을 하나 빌려 벌써 몇 달째 전국 방방곡곡 집사람을 찾으러 나섰습니다만 이젠 너무 지쳐서…."

그의 애걸하는 눈빛에서 그의 월급봉투에 한 달 목을 매달았던 때 전 바지를 매만지고 있을 그의 아내와 칭얼거리다 잠이 든 아이의 모습이 반사되고 있었다. 갑자기 정지용의 시에서 사철 발 벗은 아내의 모습이 떠올라 난 무겁고 복잡해진 머리를 가볍게 털었다.

700***-*******. 그녀의 주민등록번호를 이력조회에 넣고, 잠시 기다리다 최근에 고용보험 취득이 되어있는 그의 아내의 직장을 읽었다. 피보험자의 신상을 알려주는 건 불법이지만 '필요악'이라는 생각과, 내 직업윤리 사이에 갈등이 일었다. (지금 같으면 절대 안 될 일이지만 이십여 년 전 일이었다.)

"사모님이 최근에 취직한 마트예요. 거기서 찾아보시고, 찾으시면 제게 연락 한 번 주시겠어요? 행복하시길 빕니다."

"고맙습니다. 정말 고맙습니다. 나중에 꼭 한번 찾아뵙지요."

그는 민원실 문을 들어섰을 때와 아주 다른 분위기로 그 문을 통해 나갔다. 그의 어깨 위로 휘파람 소리 같은 것이 쏟아져 나오는 것 같았다.

많은 날이 지났다.

하루에 전화나 방문을 통해 민원인들의 사연을 상담한 것을 수치적으로 셈해보면 약 70여 건이 된다.

칠십의 육십 배만큼의 민원인을 상대하고 난 훗날 그는 나를 방문했다.

해피엔딩을 기대했던 내 기대와는 달리 그는 힘이 없었다.

"선생님, 제 아내는 이제 저와 살기 싫답니다. 아이는 주겠다고 하더군요. 근데 전 꼭 제 집사람이 있어야 된답니다."

그의 눈가는 흘러내릴 눈물이 아예 처음부터 없었던 것처럼 눈가에 맺혀 있었다. 난 감히 위로도 못하고 망연해 있었다.

침묵이 상당히 오랫동안 있었다.

이윽고 난 오랜 침묵을 깨고 말했다.

"도종환 시인 아시죠? 〈접시꽃 당신〉을 지으신 분 말예요. 그분은 아내를 잃은 슬픔을 이렇게 승화시켰대요."

나는 민원인을 위한 무슨 제약회사 홍보를 위한 메모지에 이렇게 적었다.

"이제는 그대가 내 곁에서가 아니라
그대 자리에 있을 때 더욱 아름답다는 걸 안다…."

"분노와 미움, 그리고 슬픔까지도 유통기한이 있다는 걸

아나요?

그러나 그리움에는 유통기한이 없답니다. 평생을 따라다니며 지병처럼 괴롭히지요. 제 생각엔 이 시인처럼 슬픔이 승화된 다음 다시 한번 사모님을 찾아가시면 어떨까요?"

그는 말을 아끼고 눈빛은 아끼지 않으며 내게 인사를 하고 민원실을 나갔다.

아픔의 크기와 넓이는 사람마다 비슷하다. 어쩌면 아픔이 마음속에 켜켜이 화석처럼 쌓일 때 어느덧 자신을 성숙하게 하는 한 켜씩 크게 하는 나이테처럼 그리움 되어 기억의 저편에 새겨지게 되는 것은 아닐까?

정신의 고갈은 어김없이 몸살로 온다. 남김없이 쇠잔해버린 에너지.

일상의 어느 것 하나도 집중된 에너지를 요구하지 않는 것은 없다.

그럴 때 택하는 나를 위한 가장 나다운 소극적인 배려하나. 죽은 듯 자는 것.

아픔도 슬픔도 괴로움도 열정도 어떤 것도 잠재울 수 있다면….

그러나 잠이 깨면 우리는 그것들로 인해 시도 때도 없이 피를 철철 흘릴 것이고, 가슴에 상처를 뜯어가며 울 것이다. 상처에 세월이 주는 딱지가 완전히 앉을 때까지.

난 그에게 해주지 못한 말이 있었다. 이별이든, 사고든 인생에서 일어날 수 있는 모든 것은 나와 상관없이 일어난다. 그 속에서 상처받지 않기 위해 내가 할 수 있는 일은 내 자아를 평화 속에 잠재우는 것이다. 그건 어쩌면 자신을 비우는 것이다. 아니, 자신을 비워가는 것이다. 생의 과정으로서.

저 눈처럼 어떤 것도 원하지 말고, 기대하지 말고, 제 무게를 공기에 맡기고 그냥 땅에 내려오는 일인 것을 ….

(2002년 作 · 2004년 근로자 문학제 입상작)

바람둥이 애인

저의 바람둥이 애인이 어제 돌아가셨습니다. 아니, 애인이라는 것을 전에는 전혀 생각지도 못했었습니다.

이제 그분이 한 마리 나비가 되어 하늘나라로 가신 뒤에야 저의 진정한 애인이었다는 것을 알아차렸습니다. 바로 이틀 전에도 제게 문자메시지를 보내주셨습니다.

"한섬, 어찌 지내고 있소. 그 마음이 평화로운지 항상 걱정만 하고 힘이 되어주지 못해 미안하게 생각하오."

이것이 그분의 마지막 메시지였습니다

제가 더 그분의 죽음에 아파할 수밖에 없는 것은 평소 그분의 관심과 사랑을 전 다소 귀찮아했다는 것이지요. 나이 많으신 어른을 팽팽한 긴장감으로 예의 있게 대하는 것이 많은 일들로 힘겨운 제게는 약간의 부담으로 작용했던 것이지요.

하루 한 번, 이틀에 한 번, 강의나 회의에 혹여 방해될까 제게 전화는 차마 하지 못하고 항상 여섯 줄의 마음을 메시지로 보내주시던 분이었습니다

그분은 애인이 아주 많았습니다.

열한 살짜리 애인, 열두 살짜리 애인, 열여섯 살짜리 애인, 열일곱 살짜리 애인, 스물다섯 살짜리 애인……. 무슨 원조교제 이야기냐구요?

열한 살 애인은 부모가 이혼을 하고 별로 아이를 돌보지 않는 아버지와 함께 사는 외로운 사내아이입니다. 그애는 용돈이란 걸 가져 본 적이 없었답니다. 그런데 어느 날 이천 원이 생기자 바로 할아버지 애인에게 뛰어와

"할아버지, 제가 맛있는 거 사드릴게요. 뭐 드시고 싶으세요?"

"음~, 나는 밥밖에 먹고 싶은 게 없단다. 용돈이 생겼으면 니가 먹고싶은 걸 사는 게 어때?"

하자 그 아이는 그길로 가게에 가서 햄을 사고, 익숙한 솜씨로 밥을 해서는 쟁반에 받쳐 들고 할아버지 애인을 찾아왔다는 것입니다.

평소 전혀 햄을 좋아하지 않는 그분은 아주 맛있다는 듯이 밥 한 그릇을 먹어주었다는 이야기를 듣고 저는 두 사람의 사랑을 부러워하지 않을 수 없었습니다.

스물다섯 살 애인은 동생 둘을 책임져야 하는 소녀 가장인데요.

도저히 생활이 어려워 대학을 갈 수 없는 상황이었는데 사회적으로 아주 발이 넓던 할아버지 애인이 향우회와 동창회를 통해 장학금을 지원해 주었고 이제 내년 2월이면 졸업을 한다는 순하디순한 처녀였습니다.

핏기없는 얼굴과 평생 화를 내본 적이 없을 것 같은 얼굴의 젊은 애인인데요. 전에 같은 교회에 다니는 교수님 댁에서 가든파티를 할 때 할아버지는 이 두 애인을 너무도 자랑스럽게 대동하고 나와서 고기를 연신 구워주셨답니다.

할아버지의 열여섯 살 애인은 중학교 3학년인 남학생입니다.

아버지가 장래 목사님이 되기 위해 당분간 직업을 갖지

못하고 늦깎이 신학대학생이 된 까닭에 노동부에 일용직으로 근무하는 엄마를 도와 동생들을 잘 돌보는 아이였습니다. 늘 성적은 전교 1등, 기도와 신앙을 생활로 하는 아주 훌륭한 소년입니다. 교회에서 성가대 반주를 맡고 있으며 비슷한 나이의 제 딸과 너무도 대조적인 아이였습니다. 그 애는 내게도 참으로 욕심나는 아들이었습니다. 그 아이와 할아버지 애인은 인생과 진로 신앙 등 정신적 사랑을 주고받는 부러운 연인 사이였습니다.

그런데…. 이 할아버지는 어느 날 많은 장점을 가지고, 어느 면에선 천재적인 재능을 가졌음에도 불구하고 직선적이며, 다소 공격적이기까지 한 통통 튀는 개성의 우리 딸을 애인으로 삼겠다고 선언하셨습니다.

할아버지는 말괄량이 길들이기의 일 단계 전략으로 예원이가 원하는 건 뭐든 들어주기 작전이라고 제게 말했습니다. 그 후 할아버지가 딸에게 바친 사랑의 세레나데, 예컨대 장장 다섯 장이나 되는 왼손 편지(할아버지는 중풍이란 장애를 믿음으로 극복 했지만 아직도 오른손은 잘 쓸 수 없음)나 하루 두 번씩의 문자메시지, 가끔 아이가 젤 좋아하는 책을 문화상품권으로 사주기, 하루도 빼지 않고 딸을 위하여 기도하기 등 눈물겨운 사랑과 정성을 쏟았습니다. 때로는 엄마인 저도 하기 어려운 사랑이었습니다.

딸은 처음에는 엄마에게 불평을 털어놓았습니다.

"엄마, 나 솔직히, 그 할아버지 불편하고 부담스러워."

좀 지나자 "아우, 짜증나. 제발 나에게 관심 끄라고 말해줘." 하고 내게 책임 지라는 듯 말했습니다.

나는 짐짓 모르는 척하면서 "니가 직접 말하지." 하면 딸은 "어떻게 그래. 그렇게 정성을 쏟는데. 그리고 그 할아버지 환자잖아."

그리고 시간이 지나자 "안 되겠어. 그 할아버지가 내 인생에 끼어드는 것을 막아야 해." 하더니 마침내 문자메시지를 보냈습니다.

"할아버지, 제게 대한 관심은 고맙습니다. 그런데 전 할아버지와 더 이상 연애하기 싫어요. 할아버지 많은 애인들과 연애하면 안 될까요?"

"예원아, 잘 알았다. 나만의 짝사랑이었구나. 예원이가 좀 더 사람과 세상에 대하여 부드러워지면 알아서 정리할게. 제발 연애하자. 연애가 안 되면 친구라도 되자."

"와, 이 할아버지 강적이네. 웬만큼 귀찮아 하면 다 떨어져 나가는데 말이야."

안 되겠어. 극약 처방을 써야지."

"할아버지, 전 할아버지와 친구 될 마음이 조금도 없습니다."

"예원아, 니가 할아버지를 받아들이지 못하는 이유를 좀 알면 안될까?"

"왜냐면 할아버진 친구로서 매력도 없고 아주 귀찮기 때문이에요."

이쯤 되면 모욕이랄까? 저는 너무 미안해서 중간에서 어찌할 바를 몰랐습니다.

마지막으로 이제 열두 살짜리 애인에 대하여 말씀드려야지요.

그 아이는 초등학교 5학년인 제 아들인데요. 이 아이는 제 누나하고는 너무 대조적인 성격으로 "네."라는 대답을 아주 습관적으로 하는 마음 넉넉하고 긍정적인 아이입니다.

"정훈아, 엄마가 누나 때문에도 그렇고, 직장 때문에도 그렇고, 아프기도 자주하고 많이 힘든가봐. 정훈이가 말을 잘 들어야 할 텐데 어때?"

한번도 시시콜콜 제 생활에 대하여 그분께 말씀드릴 기회도, 시간도, 마음도 없었는데도 그분은 제 생활을 정확히 꿰뚫어보고 계셨습니다.

"저요? 할아버지, 전 엄마 말 잘 들어요."

"그래? 그럼 한 주일 동안 엄마 말 잘 들으면 다음 주일날 교회에서 만나면 아이스크림 두 개씩 사주기로 하자."

"정말요?"

이 약속은 돌아가시던 바로 전 주까지 지켜졌습니다. 미처 아이스크림을 사주지 못할 때는 할아버지의 지갑에선 어김없이 오천 원씩이 약속으로 지켰습니다

"너 할아버지하고 애인할래?" "네? 징그러워요." "그러면 친구 할래?"

"아니요. 할아버진 늙으셨잖아요?"

"정훈아, 나이가 많고 적고는 문제가 아니야. 서로 사랑하면 애인이구 서로 좋아하면 친구야."

"그래요? 그럼 친구 할래요."

두 사람은 처음엔 친구였다가 요즘에 와선 애인으로 돌아서는 시점이었습니다.

"한섬, 열두 살짜리 애인과 열일곱 살짜리 애인을 키우는 마흔다섯 살짜리 애인도 생길 것 같다."

이렇게 말씀하셨던 것이 불과 몇 주 전이었습니다.

그분의 사랑을 설명하고 싶지 않습니다.

자신은 중풍을 맞아 오른손이 자유롭지 못한 분이셨는데 그분의 마음은 자신에게는 조금도 있지 않았습니다. 오직 다른 사람에게 안쓰러움과 사랑을 무한히 주신 분이었다는 사실만 말씀드리고 싶습니다.

언젠가 우리 교회 목사님의 부탁으로 그분의 왼손 원고를 제가 좀 고쳐서 〈목사 장로 신문〉에 게재한 적이 있습니다. 그때 알았습니다.

그분은 7년 전 중풍을 맞아 한 발짝도 걸을 수 없었답니다. 재잘거리며 잘 걸어 다니는 사람들이 얼마나 부럽던지 나중엔 사람들에게뿐만 아니라 꽃이 피고 지는 것까지 이유 없이 억울하더라는 것이었습니다.

그런 나날이 1년쯤 지나 하루는 방안에 누워 있을 때 갑자기 누군가가 그분에게 외치는 소리가 환청으로 들렸다 했습니다.

"일어나 걸어라!" 이상하게도 그 말은 지워지지 않았고, 그 후 그분은 건강한 사람도 하기 어려운 일인 걸어서 서해안 종주를 하기로 결심했다고 합니다.

한 발짝 떼고 한 번 쉬고, 두 발짝 떼고 한 번 쉬고…. 이런 걸음으로 전주에서 부안 격포를 지나 목숨을 건 걷기가 열흘 만에 무사히 끝나자 그는 장애의 그늘에서 육체적으로 뿐 아니라 정신적으로 완전히 벗어나 있었습니다. 그 후 의사들도 놀랄 만큼 몸도 회복되었습니다. 오른손만 못 쓸 뿐 다른 기능들은 다 회복되었던 것입니다. 그분의 의지와 믿음에 하나님이 주신 선물이었습니다

그 후 그분은 바람둥이로 살기로 마음먹었습니다.

도움이 필요한 누구라도 모두 애인을 삼기로 말이지요.

그분이 갑자기 우리에게 준비할 시간도 없이 죽음이라는 아주 긴 이별을 주신 것 외에 그분은 우리에게 새털처럼 가벼운 부분도 자신의 존재에 대하여 남겨주시지 않았습니다

오직 돌아가시는 날까지 다른 사람을 걱정하셨습니다.

중풍이란 병을 맞은 후 할아버지는 과거 그 화려했던 지위와 경력으로 드높은 자부심과 자존심의 자리에 대신 부드러운 사랑의 자리로 바꾸어 놓았던 것입니다.

어제는 그분의 장례식장을 다녀왔습니다. 흰 국화꽃을 놓아드리는데 여느 때처럼 웃고 있는 사진 속의 그분은 제게 말씀하셨습니다.

"한섬, 아직도 예원이에겐 조금의 변화가 없었나? 이젠 내가 한섬의 애인이 된 건가?

이제는 한섬이 내 대신 다른 사람들에게 바람둥이 애인이 되어주면 어떤가?" 하고.

전 그분의 삶을 '사랑'이라 이름 붙입니다.

(2004년 作)

민원실의 난

민원실엔 길쭉한 사기 재질에 대나무가 그려진 화분에 담겨 진 난이 있습니다.

작년에 사무관으로 승진하신 과장님께서 승진 축하 선물로 받은 것을 제게 주고 가신 것입니다. 평소에 화분을 곁에 두고 싶어하고, 그 푸르름과 싱싱함에 감동은 잘하지만, 가꾸고 돌보는 데에는 늘 게을러서 내 손에 들어온 식물들은 처음에 시들시들하게 되고, 아차, 싶어서 물을 줘보지만 결국에는 누렇게 말라 죽는 것을 여러 차례 경험한 저로서는, 난을 아이 키우듯 하는 난 매니아들에게는 굉장한 횡재일 수도 있겠지만, 제게는 많은 부담으로 자리했습니다.

제 옆의 동료인 L 씨는 모든 일에 정확하고, 자신과 남에게 도움을 주는 전형적인 평화주의자인데요. 그분의 정성 덕분에 민원실의 난들은 싱싱하게 자라주었고, 때도 아닌데 꽃대가 올라오더니 꽃이 피어서 그 향기로 많은 민원상담에 지친 나뿐 아니라, 임금체불이든 부당해고든 어떤 상처 하나씩 보따리를 가지고 내방한 민원인들에게 무형의 기쁨을 주었습니다.

사람들은 가슴속의 응어리를 푸는 방식이 저마다 다르지요. 꼭 직접적으로 가슴속 응어리를 해결하는 방법이 아니더라도, 꽃이 피어 향기가 지천인 난 화분 하나에서도 우주를 들여다보게 되고, 그 광대한 질서 속에서 내가 가진 기쁨과 슬픔의 감정이 아주 조그만 것이라는것을 느끼게 되면 그 산화 방식에 의해 응어리가 저절로 해결되는 때가 있지요. 존재 자체로의 기쁨으로.

제 경우는 흔히 말하는 가벼운 스트레스에서 시작하여 가슴속 깊숙이 돌멩이처럼 박혀있는 아픔까지 이 방식에 의해 저절로 녹는 때가 있습니다.

마치 봄이 오면 얼음이 녹고 강물들이 제 머리를 풀고 흘러가듯이.

시간의 강물 속을 죽는 날까지 헤엄쳐 가야 하는 우리들임에야 그 힘겨운 수영 속에서 아픔이란 돌덩이를 녹일수 있는 것이 있다면 얼마나 고마운 일인지.

아아. 꽃만 향기가 있는 것은 아닙니다.

사람에게도 눈에 보이지 않지만 사람마다 전자파 같은 파장이 존재하여, 그 파장으로 인해 자기 자신과 남에게 좋은 영향을 주는 사람이 있음을 압니다.

어느 날 그 생각을 하다가 그것을 인간의 향기라고 저는 이름 붙였답니다.

민원실에 꽃을 피운 난 만큼이나 향기가 좋은 분을 소개해 드리고 싶습니다.

지금의 난을 제게 준 과장님인데요.

그분은 작은 키에 나이도 많고, 특별한 능력도 없어 보이고. 당연히 우리 여직원들에게 별로 인기가 없으신 분이셨습니다.

실제로 사무관 승진하기엔 너무 연세가 많으셔서 작년이 그분에게는 마지막 기회였다고 보여지는데 많은 나날들을 승진 시험공부에 투자하신 끝에, 겨우 막차로 승차하신 셈이었습니다.

여러 해 동안 산업 안전과에서 근무하시다가 사무관 승진하시고 다른 곳으로 발령 나기 직전 간이역처럼 민원실 발령을 받고 약 두 달 동안 잠깐 저희와 함께 근무하셨습니다.

그날은 아주 추운 날이었는데 갑자기 절 더러 "이주리 선생님, 점심 일식집에 대구탕 네 개만 예약해 주실래요?" 하고 부탁을 하셨습니다. 전 누구 손님이 오시나? 하며 점심시간에 맞춰 예약했습니다.

그 후 30분쯤 후에 우리 전주사무소 짱(?)인 소장님께서 과장님을 부속실을 통해 부르셨습니다. 점심을 같이 하자구요.

말하자면, 직접 인사권을 쥐고 있는 상사로부터의 점심 초대였지요.

그러자 과장님께선 "대단히 죄송한데요, 소장님께 전해주실래요? 오늘 점심은 선약이 있어서요. 내일 하시면 안될까 해서요"하고 거절을 하셨습니다.

전 물었습니다.

"오늘 중요한 손님이 오시나 보죠?" 했더니,

"아뇨. 뭐 그런 건 아니구요. 건물 청소하시는 청소부 아줌마들. 그분들 추운데 대걸레 짜는 손이 터 있더라구요. 한 번 꼭 점심 대접을 해야지, 했는데 오늘 약속을 했거든요. 이 주리 샘도 같이 가주실래요? 좀 쑥쓰러워서….”

그분을 옆에서 찬찬히 보니, 커다란 안경 너머로 예전엔 보지 못했던 눈이 보였습니다. 눈빛이 유난히 맑으신 분이셨습니다.

꽃만 향기가 있는 것이 아니었습니다. 전 그날 인간의 향기에 취해 정말 행복했습니다.

제가 유형별로 이름을 붙인 다양한 민원인들 이름을 보실래요?

1. 자기가 받은 상처 때문에 사회에 대한 불신으로, 때론 좌절과 실망을 어쩌지 못해 술에 취해 큰 소리로 떠드는 방식으로 노동부를 찾아오는 일명 폭탄 민원인들.

2. 상처와 슬픔이 뼛속에 녹아들어 그 아픔을 뱉어내지 못하고 가슴속에 가득 담고 오는 일명 눈물민원인들

3. 보다 나은 내일을 설계하며 국비로 직업훈련을 받으러 오는 일명 햇살 민원인들.

그리고 밤새 제 아픔을 삭이지 못하고 그냥 누덕누덕 기

워 수챗구멍 속에 덮어두고, 우유 한 잔으로 출근한 우리 직원들에게도 공평하게 오늘도 향기와 같은 민원실의 난은 오랜 침묵으로 우리들 등을 다독여주고 유리창에 걸린 햇살 같은 빛깔로 따뜻하게 안아 주었습니다.

(2006년 作)

두 선배의 두 가지 맛

인생의 맛이라곤 쓴맛, 단맛 단 두 가지밖에 몰랐던 내가 결혼 후 나름대로 다양한 맛을 느낄 기회를 얻었다. 어려움과 고통, 외로움과 그리움이라는 생의 특별한 재료 덕분이었다. 특히 매운맛, 아린 맛까지도 알게 되었다.

이 맛은 혀가 느끼는 것이지 원래 이 맛 자체는 존재하지 않는다던가. 존재하지 않는 맛이 엄연히 존재하는 맛으로 변하는 그 신기한 화학작용에 그저 놀랄 뿐이다. 각자의 삶에도 독특한 맛이 있으려니 싶다.

내게는 두 선배가 있다.

한 선배는 지극히 포용적이다. 그 선배의 눈길이 닿는 곳에는 늘 사람과 사물에 대한 연민이 있다. 나 같으면 그냥 지나칠 들풀 한 포기도 그 선배에겐 자그마한 의미가 되는 것이다. "어머, 불쌍하게도 가지가 꺾여있네." 하면서 화단의 이름 모를 풀 한 포기를 쓰다듬는다. 그녀는 겉으로 보기에 좀 세련되지 못하고 미적 감각도 떨어지는 편이었다. 그러나 그녀에게선 늘 봄바람 같은 따뜻함이 느껴진다. 그녀 주위의 것들이 그 따뜻함으로 땅속에서 움터왔던 씨를 발아시키고 푸른 잎이 돋아나게 할 것 같은 그런 따뜻함 말이다.

생텍쥐페리는《어린 왕자》란 책에서 여우의 입을 빌려 우리에게 말했다. "너는 백만이나 되는 사내아이 중 한 사람이야. 하지만 길들이면 넌 내게 단 하나밖에 없는 중요한 의미의 사내아이가 되는 거야. 사랑한다는 건 길들인다는 거야!"라고. 그녀는 그녀 주위의 모든 사물과 사람들을 길들였다. 그래서 그녀는 그녀 주위의 모든 것들에게 있어서 특별한 의미가 되곤 했다.

"주리야, 왜 그렇게 힘이 없니?" "저런 저런, 저걸 어째. 저 할머니!" 점멸등으로 바뀐 푸른 신호등을 보며 아직 인도의 반도 못 건넌 할머니에게 얼른 쫓아가 팔을 부축하고 건

너드리고 돌아온다. 그리고 그녀는 한참을 기다려 그 할머니가 갈 길을 잘 가는지 확인까지 한다. 이런 식으로 늘 그녀의 관심은 다른 사람에게 쏠려있다. 나와 내 가족 외에는 무신경하게 살아온 나는 그런 그녀가 어떨 땐 한심해 보이기도 했고, 좀 푼수(?) 같다는 생각이 들기도 했었다.

그녀는 내게 글에 대한 충고도 자주 하는 편이다. 일단 나는 그 선배의 메일에 내 글을 보내고 그녀로부터 소감을 들은 후에야 자신감이 생기기도 하고, 부끄러워지기도 했다. 그녀로부터 받는 충고는 내 마음에 음각으로 새겨질 때가 있다.

"네 시선은 상당히 따뜻해. 그런데 그 따뜻함을 지킬 굳은 의지가 없어. 세상의 그른 것, 구부러진 것, 차가운 것, 거친 것 이런 것도 다 안아봐야 해. 넌 너무 선택적이야." 이런 충고를 들은 적도 있었다. 다른 사람이 이런 말을 했다면 며칠 노력해야 꽁한 마음을 풀 수 있었을 것이다. 그런데 이 선배에겐 도무지 꽁한 마음이 들지 않았다. 그것은 아마 악의나 가시라곤 전혀 없는 깨끗한 마음 때문일 것이다. 그리고 기꺼이 그녀의 길들이는 대상의 하나가 된 내가 기뻤다. 그녀는 맛으로 따지면 쓴맛이었다. 그러나 그 맛은 입맛을 잃은 내 식욕을 돋워주고 삶의 의욕을 불러일으키는 소중한 약이었다.

또 다른 선배. 그녀는 매사에 비판적이었다. 그러나 그 비판은 때론 오랜 세월 명상에서나 얻어질 깊은 것일 때도 있고, 아주 추운 날 얼음이 동동 뜬 동치미 국물 같은 맛일 때도 있었다. 몸매며 얼굴이며 외모도 수준급이고, 패션 감각이며, 취미도 근사했다. 음악도 클래식에서 트로트까지 다양하게 조예가 깊었다. 난 늘 그 선배가 부러웠다.

또한 그 선배의 남편은 꽤 유명한 의사다. 풍족한 환경에 이지적인 성격, 멋진 외모, 어느 것 하나 부족한 것이 없는 사람이다. 그런데 난 이 선배에게서 특별히 느끼는 맛이 있다. 톡 쏘는 신맛과 조금 더 겪어보면 알게 되는 매운맛이다. 그 선배와 만나 얘길 하다 돌아서서 집에 오면 두고두고 아린 맛까지 느끼기도 한다. 본인은 전혀 모르겠지만 집에 돌아와서 서러움에 눈물을 흘릴 때도 있었다. 아, 그것은 내 자격지심과는 전혀 다른 것이었다.

그녀는 사람과 사물에 대한 연민의 정이 없었다. 가끔 내 글에 대한 코멘트를 할 때가 있다. 역시 교양이 넘치고 글에 대한 조예도 깊어서 그녀의 충고도 내게 많은 도움이 된다. 그러나 늘 뒤끝이 개운치 않고 마음 깊은 곳에서 스멀스멀 엷은 분노가 일기도 한다. 가끔 이런 편협한 마음은 내 스스로도 용납이 되지 않았다. 도대체 왜 어딘지 모르게 서운하고, 아니라고 부정하고 싶고, 슬그머니 화가 나는지 모를 일이다.

그것은 그녀의 마음 때문이었다. 늘 자기가 최고라는 거만한 마음이다. 누구나 자격지심에 가득 찬 사람만 아니라면 얼마간의 공주병이 있는 법이라고 그 선배에게 받은 씁쓸함을 내 스스로 타일러 보지만, 어쨌든 그녀는 사람의 마음을 다치게 한다. 본인도 모르고, 눈에 보이지도 않지만 늘 그녀의 가슴과 혀에는 사람을 아프게 하는 칼이 들려져 있다.

"나는 여행이 좋았다. 삶이 좋았다. 내 정신은 여행길 위에서 망고 열매처럼 익어갔다."

이렇게 자신의 삶을 느끼고 썼던 류시화 씨의 〈지구별 여행자〉를 읽었다. 속이 깊고 주위의 많은 것들을 두 팔로 안아 주는 넓은 가슴의 또 다른 아는 이가 사준 책이다. 그 속에 머릿속의 종을 울리게 하는 글이 있었다.

"음식에 소금을 집어넣으면 간이 맞아 맛있게 먹을 수 있지만, 소금에 음식을 넣으면 짜서 도저히 먹을 수가 없소.

인간의 욕망도 마찬가지요. 삶 속에 욕망을 넣어야지, 욕망 속에 삶을 집어넣으면 안 되는 법이오!"

난 이 말을 이렇게 치환하여 그녀에게 보여 주고 싶다. "가슴속에 충고를 불어넣어야지, 충고 속에 다른 사람의 가슴을 집어넣으려 하면 안 되는 법이오!"라고.

큰 의미에서 기차 레일처럼 정해져 있는 삶이지만, 어떤 맛으로 그 레일 위를 가야 할 것인가는 정해져 있지 않다. 두 선배의 인생을 비교해보면 어떤 맛으로 긴 인생을 살아야 할 것인지 분명해진다. 그것이 마음먹는다고 그대로 되는 것은 아니지만, 최소한 방향을 그쪽으로 잡아 노력해볼 순 있겠지 싶다.

내 인생의 기찻길 옆에 나란히 놓여진 다른 사람의 기찻길. 각기 다른 맛을 가졌지만 그래도 난 두 선배가 있어서 늘 행복한 편이다.

(2004년 作)

넷,

이상하게 풍경도 없는 절의 사각 처마의
말 없는 고요와 망해사를
고즈넉이 마고자처럼 두르고 있던
바다의 일몰을 두고 오는
발걸음이 못내 아쉬웠다.
마치 평생 하고 싶은 말을 안으로 삭이고,
현생에 인연을 맺지 못하고
열반에 들어버린 사랑의 아픈 뒷모습을
망해사에서 한눈에 봐 버린 것 같은
아련한 기분에 젖었다.

이주리 수필 <망해사>중

망해사

바다를 바라보고 있는 절 하나가 바람을 맞으며 서 있었다. 근사할 것도, 보통의 절이 가진 웅장함도 없이 그저 평범하고 초라한 절 하나가 여인의 긴 기다림처럼 마냥 바다를 바라보고 있었다. 평야 끝 해변 얕은 벼랑 위에서.

진봉산 고개 넘어 깎아지른 듯한 기암괴석의 벼랑 위에 망망대해를 내려다보며 서 있는 이름 그대로 망해사. 소슬바람이 할퀴고 간 세월의 흔적처럼 절에 대한 설명을 적어놓은 나무 조각이 그대로 땅에 박혀있었다. 백제 의자왕 2년(642년), 부설거사가 이곳에 와 사찰을 지어 수도하였고, 당

나라 승려 중도법사가 중창, 조선 인조 때 진묵대사가 1589년 낙서전(문화재자료 128호)을 지었으며, 1933년 김정희 화상이 보광전과 칠성각을 건축하고 중수했다는 자세한 설명이 방향 없는 이정표처럼 역시 말없이 서 있었다.

이 초라한 사찰 앞에는 누워있는 느티나무가 있었다. 많은 사연을 간직한 채 드리워진 느티나무의 기괴한 모습은 겨울이 시작되는 길목에서 내게 많은 것을 생각케 했다. 군데군데 굵은 몸통과 가는 가지엔 화석처럼 둥근 상처들이 불거져 나와 있어 마치 오랜 세월 긴 속울음과 오랜 침묵을 밖으로 내놓지 못해 영근 마음속 사리가 고드름처럼 붙어있었다. 절의 서쪽엔 간조와 만조 때마다 그 표정이 많이 달라지는 서해 바다 위에 누각이 하나 있었는데, 그 누각엔 힘껏 내리쳐도 소리가 날 것 같지 않은 천년의 침묵으로 자리잡은 종이 있었다. 그 종소리는 바다가 삼키고, 바람이 삼켜서 소리와 같은 형이상학적 예술이 가슴에 품은 한을 토하는 판소리 가락 같았다. 내게는 이런 분위기를 느낄 수 있는 더듬이 하나가 다른 사람보다 조금은 더 크게 나 있나 보다.

밖으로 드러낸 슬픔, 그 화사한 파장보다는 안으로 스민 표현하지 못할 애잔함, 그것으로 인한 부서져 내림, 이런 정서가 더 잘 느껴지고 마음에 와 닿는다. 처음 이곳을 찾았을 때는 숲 속 도마뱀의 신기함으로 아이들의 웃음이 함께 날아다니던 여름의 끝자락이었다. 망해사라는 사찰은 보지 못했고, 관망대에 올라 서해 바다와 반대편에 넓게 펼쳐진 푸른 평야라는 또 하나의 색다른 바다를 보았었다.

내 인생에 있어서 굽이굽이마다 눈물을 닦아주던 손수건 같은 존재인 30년 지기 내 친구는 여기서 가까운 곳 만경이라는 곳에 자기 공장이 있는데 풀리지 않는 일이 있거나, 가슴이 매캐한 연기가 나는 굴뚝 같을 때 이곳에 와서 담배를 한 대 피우고 가면 시원하게 뚫린다고 했었다. 그 친구는 내게 시멘트로 만든 관망대 끝에 올라가기 전에는 바다를 절대 보지 말라고 당부했다. 그 이유는 관망대 끝에 가서야 알 수 있었다.

관망대에서 본 서해 바다! 아, 그것은 건장한 남자의 기개처럼 당당했다. 바다는 박하사탕처럼 눈을 시원하게 했고, "뭐든 내게 말하면 다 들어주지!" 하는 포용력으로 날 부르고 있었다. 하마터면 쓰개치마로 눈을 가리고 그 깊은 바다의 심장에 몸을 던져 안길 뻔한 유혹도 일었다.

동해바다가 청잣빛이라면 서해바다는 햇살 빛이었다. 그 눈부심에 어쩔 줄 몰라 하는 내게 그 친구는 등을 180도만 돌려보라고 했다. 등을 돌려보니 아, 또 하나의 푸른 바다가 펼쳐져 있었다. 나지막한 야산들로 둘러싸인 넓디넓은 녹색 평야. 만경강의 가슴처럼 넓고 낮은 들의 바다. 그 친구는 내게 이렇게 말했다. "이 평야를 다 사버리려고 했는데 돈이 조금 모자라서 못 샀다. 내 남은 40대와 50대에 열심히 돈을 벌어서 이 평야를 다 살 거다."

사업가다운 욕심. 그것이 추한 욕구라는 생각이 들지 않은 것은 그 친구의 푸른 영혼을 보았기 때문일까?

그런데 왜 나는 그런 욕심이 전혀 일어나지 않을까? 내 눈에 넣기에도 벅찬 것에 대한 소유는 생각지도 못할 일이었다. 그저 그 자리에 있어서 산을 업고 바다를 바라보는 넉넉함이 나를 행복하게 해주었다. 그것만으로도 나에겐 하나의 큰 선물이었다.

가을의 끝자락, 다시 찾은 망해사는 여인의 애절한 눈망울처럼 바람 속에 서 있었다. 물어물어 찾아간 시간의 끝. 길게 누워있던 길들이 다시 일어나 내게 소곤거릴 것 같은 여정에서 내내 그 눈망울 같은 긴 기다림에 가슴 저렸던 곳이었다. 30년 지기 친구는 관망대의 기개를 보여 주었지만, 같은 자리에서 나는 망해사의 절절한 아픔을 느껴야 했었다.

오백 년의 그 응시는
서럽게도 스스로 몸을 부딪고
하얀 거품을 남기고 떠나는 바다

웅장할 것도 없는 초라한 절의 안마당
옷 벗은 느티나무는
욕정의 탯줄을 두르고도
오래 참음의 훈장처럼
세월을 속울음으로 묻고
가슴에 엉긴 설움의 고드름
가지 끝에 사리 되어 돋아있었다네
치자 물 우려내어
세월의 실타래에 물들여 널어놓고
정작 말 못한 빠알간 절규
바다에 토해놓고
한자리에서 바다를 향한 그리움

차라리 침묵하는 범종에 가두어 잠근 세월

천년, 만년 침묵 끝에 득음하던날
그 가여운 응시도
욕정의 오래참음도
풍경도 없는 네 귀퉁이 처마에 곱게 묻고
허공에 매단 비문도 없는 무덤하나
망해사에 두고 올 거라네

이상하게 풍경도 없는 절의 사각 처마의 말없는 고요와 망해사를 고즈넉이 마고자처럼 두르고 있던 바다의 일몰을 두고 오는 발걸음이 못내 아쉬웠다. 마치 평생 하고 싶은 말을 안으로 삭이고, 현생에 인연을 맺지 못하고 열반에 들어 버린 사랑의 아픈 뒷모습을 망해사에서 한눈에 봐 버린 것 같은 아련한 기분에 젖었다.

(2004년 作 · 2005년 《선수필》 게재)

울게 하소서

〈파리넬리〉

Lascia Ch'io Pianga…….로 시작되는 소프라노의 높은음이 전율의 경지를 넘어 음音의 오르가슴을 느끼게 하는 곡이다. 나는 주로 이 곡을 비 오는 날 듣는데 들을 때마다 너무 좋아서 나도 모르게 팔뚝에 소름 같은 것이 생기곤 한다.

이야기를 듣기 전 나는 이 가수가 남자라는 사실을 전혀 몰랐다. 그것도 신이 내린 맑은 목소리를 보존하기 위해 2차 성징이 나타나기 전 소년 시절에 남성의 상징을 거세하여 얻은 슬픔의 목소리라는 것을.

길에서 주워온 강아지에 하룻 동안 온갖 정이 다 들어 내게 키우게 해달라고 간청하던 딸은 그 다음날 내 설득으로 폭포같은 눈물과 함께 애견센터에 제 사랑의 존재를 두고 온 바로 그날이었다. 돌아오는 택시 안에서 나는 딸의 아픈 마음을 위로해주려고 지금 제일 하고 싶은 일이 뭐냐고 물었다. 맛있는 거라도 사주거나 갖고 싶었던 물건을 하나 사주리라 마음먹고 있었는데 뜻밖에도 딸의 대답은 비디오를 하나 빌려달라는 것이었다. 그것의 제목이 〈파리넬리〉였다.

나는 평소에 비디오나 텔레비젼 보는것을 좋아하지 않는다. 전에 비디오 광이었던 애 아빠의 거의 반강제적인 부탁 (그냥 옆에라도 있어줘)으로 할 수없이 소파에 앉아 같이 보는 시간은 그야말로 정신은 딴 곳으로 흘러가고 내용은 거의 머릿속에 들어오지 않는 상태대로 비디오를 보곤 했었다. 그러나 소박하게도 천원으로 해결된 딸의 간절한 부탁이 고맙기도 했고 사랑하는 존재를 잃은 그 애의 기분을 온전히 풀어주고 싶었던 생각이 들자 나는 비디오에 처음부터 빠져들었다. 딸은 왜 이 영화를 원했을까? 슬픔의 극치를 느낌으로써 자신의 슬픔을 희석시키려 했던 것일까? 지금도 그 이유는 알수 없다. 워낙 예민하고 괴팍한 이 아이의 예술적 기질을 만족시킬 그 무엇인가를 느끼고 싶었던 것일 거라 추측할 뿐이었다.

실제 파리넬리(본명: 카를로 브로스키, Carlo Broschi)는, 18세기에 가장 유명했던 카스트라토*일 뿐 아니라, 역사상 가장 위대한 성악가로 칭송받았던 사람의 이름이다.

생존 시에도 거의 신화적인 존재로 추앙을 받았는데, 그 비결은 목소리가 훌륭했을 뿐만 아니라, 예쁘장한 남자와 씩씩한 여인의 모습을 두루 갖춘, 반남반녀의 아름다운 외모가 크게 작용했다고 전해진다.

파리넬리는 기교가 뛰어난 성악가였다. 목소리 자체가 극히 아름다웠음은 물론이었고, 감정 표현이 완벽에 가까웠으며 음역이 넓었고, 호흡 조절은 자유자재였다고 한다. 기록에 의하면 그의 음역은 세 옥타브 반이었는데, 한 호흡으로 음표를 250개나 노래했다고도 하며 한 음표를 1분 이상이나 호흡을 멈추지 않고 노래했다고도 전한다. 당시 일부 사람

---

* **카스트라토:** 17~18세기 빼어난 소리를 지닌 소년 가수를 인위적으로 거세시킴으로써 여성에 가까운 고음을 계속 유지시키는 경우가 있었다. 주로 가난한 소년이 수술 대상이 되었는데, 이렇게 거세된 남성 가수를 카스트라토(Castrato)라 부른다. 카스트라토 가수는 남성의 힘과 여성의 부드러움을 겸비한 소리를 지니게 된다고 한다.

들은 파리넬리가 뭔가 특수장치를 숨기고 있을지도 모른다고 수근거렸다. 그만큼 기교가 뛰어날 뿐 아니라 그는 음을 자유자재로 구사하는 음악의 마술사였던 셈이다.

여기에서 그는 신이 내린 천상의 목소리를 화려한 기교로 묶어 두는 것을 혐오했다. 그만큼 영혼과 맞닿은 예술혼을 원했던 것이다. 그리하여 모든 것을 자기에게 걸고 그의 목소리만을 위해 작곡을 했던 형, 동생의 그 목소리를 유지시키기 위해 말에서 떨어져서 남성성을 거세해야만 했다고 거짓말을 해서라도 동생의 목소리와 영혼을 지키고자 했던 형을 떠나 헨델의 음악세계에 자신을 동참시킨다. 그의 목소리에 매료되어 그를 욕심내는 작곡가와 사랑과 예술의 본질을 잊은 채 권위의식에 사로잡힌 귀족들을 향해 그는 외친다. "당신들은 내 영혼을 거세하고 있어!" 그의 이런 절규는 사내로서의 인간 본질의 욕구까지 희생하여 얻은 목소리를 참 예술혼으로 이끌고 싶은 한 예술가의 절박한 바램이었다.

굳이 예술가의 깊은 예술혼이 아니어도 나는 가끔 평범한 생활인의 삶과 생활에서 갑자기 다른 것들을 다 포기하고서라도 얻고 싶은 무엇이 있었느냐고 묻고 싶어진다.

여자들의 경우에 있어서 같이 있으면 자신의 영혼이 부서져 버릴 것만 같은 지옥 같은 결혼생활이라 해도 그것을 쉽게 접지 못한다. 심지어 어떤 이들은 날마다 남편으로부터 얻어맞으며 시댁 식구들이에게 시달리며 남편의 도박으로 빚에 시달리며도 가정이라는 울타리를 지키고 싶어한다. 특히 자녀들에게 결손가정이라는 이름표를 붙여주느니 차라리 자신의 존재가 이렇듯 시들어가도 그대로 유지시킬 수밖에 없다고 자기 자신을 희생시키기도 한다. 거기에 혼자 남겨질 때의 경제적인 어려움과 타인의 눈에 비친 왜곡된 시선들을 감당할 자신이 없다는 것이 더해져 그녀들은 그들의 영혼이 하루하루 죽어가고 그들의 몸은 사육되어 가고 있는 마당에도 당당하게 홀로 서기를 결정하려고 하지 않는다.

물론 가정은 지켜져야 하며 사소한 아픔이든 그보다 더 깊은 아픔이든 서로 참아내고 견뎌주는 것이 기본이고 필수적이다. 하지만 한 사람이 한 사람의 전 존재와 영혼이 산산조각 나게 하여 더 이상 회복할 수 없게 하고 더욱이 이런 생활이 죽을 때까지 이어져야 하는 암담한 미래에 대하여 그녀들은 인간으로서 이렇게 외쳐야 할 자격이 충분히 있다고 본다.

“당신은 내 영혼을 거세하고 있어!” 그리고는 당당히 가방을 싸서 홀로 됨을 맞이하고 앞으로 자신의 미래에 대한 진지한 노력을 다시 해야 할 것이라고 한다면 잘못된 생각일까?

분칠이 묻어날 것 같은 심한 분장으로 자신의 슬픔을 감추고 눈물을 흘리며 남자이며도 여자의 목소리로 자신의 불행을 노래하는 그의 목소리가 들려온다. “신이여, 울게 하소서.” 하고.

때로는 잠자리 날갯짓 같기도 하고, 때로는 물방울이 수면을 간지럽히는 모습 같기도 하고, 어떨 땐 폭풍이 사납게 할퀴며 부는 것 같기도 하다. 나는 깨닫는다. 그의 예술혼의 근본은 아픔이다.

그러나 아픔을 극복하고 진주조개처럼 키우는 참다운 혼은 아무도 그에게 줄 수 없었다. 다른 것들을 다 팔고 포기하며 남성의 존재가치마저도 바꾸고 그 스스로 노래할 때마다 영혼에 닿는 품격의 음악을 창조할 때 그는 그것을 비로소 얻었던 것이다.

그의 예술혼을 생각해보며 미력하게나마 문학이라는 길로 들어선 나의 영혼도 들여다보고 싶어진다.

내 경우엔 시를 쓸 때 시가 술술 부드럽게 잘 나와주어 거의 아픔이나 힘드는 것 없이 잘 써지는 때가 있는가 하면 며칠을 가도 가도 시의 출구가 보이지 않아 어둠 속의 미로를 헤매게 되고 다 쓰고 난 다음엔 기진해서 며칠을 앓아눕는 때가 있다.

그럴 때 난 마음의 분장을 지우고 어두운 우물처럼 뚫린 마음의 심연을 정직하게 들여다본다.

그것은 내 시가 스스로 불만족하거나 내 어마어마하고 추악한 인식 욕구의 끝에 닿지 않았거나, 또는 시어 자체가 너무 사납고 아파서 살을 파먹어 들어가는 환상에 사로잡힐 때인 것 같다.

가끔은 내가 쓴 시의 사슬에 묶이거나 내가 쓴 시어들이 철사가 되어 나를 파고 들어와 딱딱한 뼈에까지 닿는 그런 이상한 아픔 같은 것을 느낀다. 그것을 입 밖에 내면 날더러 정신분열증세라고 할까봐 다른 사람에게 차마 이야기할 수 없는 일종의 겁나는 신기神氣이다. 그러다가 많은 아픔과 혼란을 겪은 후 내 의식 저 밑바닥에서 노력 없이도 차오르

는 말을 듣는다

"그냥 흘러가는 대로 두어. 예술의 키는 욕심으로 되는 것이 아니야."라고 어느새 영혼의 밑바닥에서 들려오는 음성에 마음을 다잡으면 그런대로 또 조용히 잦아드는 이런 이상한 회오리를 뭐라 설명할까?

몇 밤 자고 나면 그동안 써왔던 내 글이 마치 쓰레기 같아지는 혐오감과 그런대로 괜찮아 하는 변명 사이를 하루에도 몇 번씩 왔다갔다하는 동안 반복적으로 일상은 또 흘러간다. 나와 상관없이 그리고 무심하게도 아무 일 없이.

이럴 때 나는 소리칠 것 같다. '신이여, 나를 진정으로 울게 하소서.' 하고.

(2003년 作)

지상의 방 한 칸 2

눈을 감았다. 기억 속에서 나무들이 서로 몸을 비벼대는 소리가 들린다. 누군가의 쓸쓸한 어깨 같던 뒤곁, 낮은 담장과 봉숭아 장독대 위를 쏟아지는 햇빛이 위로를 담아 뒤곁의 등을 쓰다듬던 오후, 앞에 이젤을 놓고 그림을 그리거나 원고지에 시를 쓰는 내 모습이 보였다.

최면의 세계처럼 구불구불한 길을 더듬어 가보니 언젠가 책에서 읽었던 구절처럼 붓으로 시를 짓고 언어로 그림을 그리고 있는 내 모습이 보였다.

꿈 한 편, 난 그즈음 깨어 있을 때도 꿈을 꾸곤 했다. 말짱

한 내 의식은 내가 결코 잠속에 있지 않으며 분명 깨어 있는 채 꿈을 꾸고 있다는 것을 알았다.

어쩌면 모든 시는 그냥 깨어 있는 채로 꾸는 꿈같은 거 아닐까?

삶이라는 것 자체가 보통 사람 같으면 “체, 그게 어떻게 가능해.” 하고 그저 한순간의 웃음으로 넘길 일을 시인만은 어리석게도 고통스럽게 꾸는 꿈같은 거 아닐까? 시를 쓰다가 이런 생각으로 시를 홱 밀쳐놓았다. 그리고는 며칠이 못 가서 내 안의 내가 또다시 흥건히 젖어 밀쳐놓았던 글을 다시 들여다보면서 얘는 어디에 날개를 달아야 하나 얘는 어디를 말려야 하나 고심하기도 했던 지난날이 보인다.

이렇게 시를 쓰고 싶었다. 날아다니는 감성과 번쩍하는 통찰 그럼에도 번개나 폭풍으로 요리하지 않고 늘 먹는 밥처럼 담담히 시를 짓는 묘한 매력의 시를 쓰고 싶었다. 그것을 컴퓨터에 옮겨 적었다. 그리고는 오랫동안 컴퓨터 안을 들여다보았다. 커서가 규칙적으로 깜박깜박하고 있다. 이따금씩 자각되는 정신의 현주소를 인식하는 나의 의식처럼. 어쩌면 자신도 의식하지 못하지만 늘 뛰는 심장소리처럼.

마음의 청정지역.

그것으로 시인은 시를 쓰고, 화가는 그림을 그리고 음악가는 작곡을 한다. 그 영원하고 위대한 착각이 모든 예술을 출산하게 하는 것인지도 모른다. 그런 어리석은 꿈을 꾸는 이들의 출산에는 반드시 지상의 방 한 칸이 필요하다. 마음의 청정지역을 지키기 위해서라면 사람마다 정신의 불가침 지역이 반드시 필요하기 때문이다. 누구에게도 방해받지 않고, 또 누구의 이해가 필요하지 않는 곳.

위대한 착각이거나, 다소 정신분열적인 열정이거나, 기인과 미치광이의 중간쯤 되는 덜 익힌 행위이거나 간에 세상의 모든 상식적인 것으로부터 그것을 지켜줄 지상의 방 한 칸이 절실히 필요하기 때문이다.

세상의 모든 것이 가시가 되어 무방비 상태의 가슴을 찔러댈 때, 세상의 모든 것이 다 상처가 될 때, 또는 나 자신마저도 나를 용서할 수 없거나 정서적으로 내 편이 되어주지 못할 때 내 온전한 자아를 비판 없이 받아들여 줄 곳이 있는 이는 얼마나 행복할 것인가. 나는 이 지상에서 늘 꿈꾸었다. 그런 곳, 그런 시간을.

그동안 나만의 방 한 칸 갖기를 그렇게 소원했지만 그리 되지 않았다.

너나없이 시대적으로 배고팠던 시절, 나는 인텔리인 부모님을 가졌었고 원하기만 하면 경제적 · 정서적 어려움 없이 모든 걸 가질 수 있었으며 내 쪽에서 한 번도 부모님이 사주시거나 해주시기에 부담스러울 것을 천성적으로 원해본 적이 없었기 때문에 무엇을 절실히 가지고 싶다는 세월 속의 마디 같은 바람이 없었다. 학교에서의 성적으로, 지적인 노력으로 한껏 프라이드만 살찌우면 되었던 유년에 나는 엄마의 자랑이었고 엄마의 인생이었다. 실제로 그녀는 내게 이렇게 묻곤 했다. "주리야, 우리 주리는 엄마의 무엇?" 그러면 나는 의미도 모르고 "엄마의 인생!" 하고 대답하곤 했다. 그러나 이런 내게도 딱 하나 가질 수 없는 것이 있었으니 그것은 나 혼자만의 방이었다.

딸이 셋이나 되었고 밑에 아들이 둘, 밥하는 언니와 가정교사 언니들까지 합하면 우리 집은 할아버지, 할머니가 계시지 않았지만 늘 대가족 같았다.

식사 시간에는 커다란 교자상이 두 개 펼쳐졌고, 엄마께서는 동생들로 하여금 모든 일에서 언니의 허락을 받게 했고, 집안에서의 내 위치는 늘 엄마, 아빠 다음이었음에도 불구하고 집 어디에서고 나만을 위한 방은 없었다. 개성이 다른 여동생과 함께 쓰며 동생으로부터 구박(?)도 많이 받았다.

그 시절 일 년 365일 중 몸이 아프지 않는 날이 거의 없었던 나는 고열과 땀으로 밤마다 동생의 잠을 방해해야 했다.

동생은 처음에는 잘 참아주다가 그런 날이 지속되자 "에이구, 밤마다 잠을 못 자겠네. 언니야, 나 잠 좀 자자. 내가 다락방이라도 있으면 나가든지 해야지 쯧쯧." 하고.

동생이 이 글을 본다면 제 쪽에서 언니를 구박하다니 무슨 소리냐며 억울해 할 것이 틀림없다. 나와는 달리 윤곽이 뚜렷하고 미인인 동생은 커다란 눈과 소피아 로렌 같은 육감적인 입술로 이렇게 말할 것이다. 나야말로 공부 잘하고 잘난 언니 덕에 단 한 번도 똑똑하다는 말 들어본 적 없고, 늘 단정한 언니 덕에 옷이 해지거나 닳는 일이 결코 없었으니 새 옷 한 번 새 신발 한 번 신어본 적 없었으며 그뿐이랴? 늘 몸이 약한 언니 덕에 부모님으로부터 힘든 심부름은 도맡아 해야 했고, 밤마다 아픈 언니에게 본능에 위배되는 잠도 반납하며 약 심부름도 해야 했으며, 그 시절 자신의 존재가치는 죽어라고 노력해도 평생 2등이었다며 지금도 불평하는 것을 보면 그녀가 나를 구박했다는 말은 내가 생각해도 좀 억울한 말이기도 했다.

난 엄마에게 날마다 졸랐다. “엄마, 이층을 지어 나 혼자만의 방을 하나 주었으면 해.”

내가 초등학교에 들어가기 전 엄마는 박봉의 부부교사 월급으로 그렇듯 열정적으로 꿈꾸었던 파란 양옥집을 샀다. 담장에는 넝쿨장미를 심고 정원에 는 온갖 시각적으로 어울리는 색깔의 꽃들뿐 아니라 치자나무까지 심어 후각까지 다듬었던 것이다. 이층을 지어달라는 나의 제안을 엄마는 늘 “이 집은 단층이 어울려!” 한마디로 일축하곤 해마다 예쁜 색으로 페인트칠을 하셨었다.

그 뒤 대학을 졸업하고 시골에서 교편을 잡았던 난 나만의 방 한 칸을 꿈꾸며 얼씨구나, 하며 자취를 하겠다고 선언했다.

그러나 당시 생존을 위한 자립능력으로 보아 자취는 불가능했음을 가족 모두 알고 있었고 나 자신도 알고 있었다.

밥도 반찬도 빨래도 청소도 해본 적 없거니와 그동안 밥하는 언니들의 집안일의 노하우를 어깨너머로 본 적도 없이 관심 밖으로 살다가 갑자기 방 한 칸이 생긴다는 이유로 자취를 할 수는 없었기 때문이다.

이러저러 한 삼 년, 교사 시절 거리상으로 학교와 꽤 떨어진 도시인 정읍 집에서 통근을 하다가 마침내 결혼을 했다.

남편은 처음부터 나의 지상의 방 한 칸의 열망은 물론이고 직업조차 갖는 것을 허락하지 않았다. 남편의 주문은 명료하고 간단했다. 아무리 부부싸움을 해도 그 날 안에 풀 것, 이주리는 평생 운전을 하지 말 것, 이주리는 평생 직업을 갖지 말 것 등이 당시 남편의 주문이었음을 볼 때 독립적인 내 자아를 지켜줄 나만의 방 한 칸은 어림도 없는 일이었다.

그리하여 난 이국땅에서 남편이 두 번 다시 보기 싫을 정도로 미운 순간에도 나만의 방에서 실컷 울거나 남편을 맘껏 욕해보지 못한 채 마치 의무인 듯 남편과 함께 잠을 자야 했으며 같이 잠을 자는 것으로 남편은 내 감정의 모든 보상을 해주었다고 생각하는 것이었다.

당시 내 감정은 아예 죽지는 않았지만 누렇게 병들어 시들시들했었다. 내가 속이 상하거나 극심하게 슬플 때 좀 시들시들하면 남편은 늘 물었다.

"어디 아파?" "응." "어디가?" "오늘 감정이 몹시 아파." 그러면 그는 시큰둥하게 말했다. "그럼 별거 아니네 뭐. '뭐? 감정이 별게 아니야?' 나는 속으로 소리쳤다. '이 야만 인아, 감정에는 얼마나 미세한 혈관들이 분포되어 있는지 알기나 해? 내 감정의 상처 부위에선 언제나 피가 흘러. 지혈시켜줄 밴드나 치료해 줄 약도 없이 맨날 견디는 것이 고작인데…….정신과 육체의 통로는 무엇이란 말이야? 정신과 육체를 이어주는 혈관은 감정이야.' 난 입 밖으로 낼 수 없는 말들을 마음속으로 그를 향해 수십 번씩 해대곤 했다.

어떤 분은 이렇게 말할지 모른다. 감정이 정신과 육체의 혈관이라고? 게다가 감정에 미세한 혈관들이 분포되어 있다고? 당신의 궤변을 위해 우리가 수긍할 수 있도록 증거를 한 가지만 대 봐. 하는 사람도 있을 것이다. 증거를 찾아보자. 우리가 속상하거나 아주 슬플 때 밥을 먹으면 쉽게 체하는 것 또한 그 증거라 할 수 있다. 슬픈 것은 정신이요, 밥을 먹는 것은 전적으로 육체에 관련된 일인데 체하는 것을 뭘로 설명할 것인가? 그것은 감정이 아파서 밥을 소화해내는 효소를 제때 방출하지 못하게 하는 것이다.

그러니 감정이 아프다는 말은 전적으로 성실하고 정확한 말이며 건강의 측면에서 심각한 일이 아닐 수 없다.

남편과 함께한 독일 유학시절 아이가 태어나자 사람 수

대로 방수가 필요하다는 이상한 나라의 제도 덕분에 학생용 아파트(Studenten Whonheim)에 입주하여 나만의 방 한 칸이 생길 뻔 한적이 있었다. 방이 셋이나 되는데도 우린 공간이 좁은 싱글용 침대에서 그는 내게 팔베개를 제공해야 했고, 난 만세를 부르고 자야만 했었으니 부부방과 아이 방을 제외하고 남은 방 하나는 한국에서 온 소포나 옷들을 진열해놓은 일종의 창고로만 사용했을 뿐이었다.

세월이 흐른 뒤 나는 알았다. 아주 어려서부터 그리도 내가 원했던 나만의 방 한 칸은 실제로의 방 한 칸이 아닌 내 자아를 온전히 보듬어주는 정신의 불가침 지역이었다는 것을.

지상의 방 한 칸은 내게 있어서 참 꿈같은 것이었다.

귀국해서 적지 않은 세월이 흘렀고 그 세월 동안 나의 자아는 더욱 상처받았고 위로를 필요로 했으며 단 한순간이라도 내 등을 쓰다듬어줄 고요가 필요했다.

당시 제도 속의 인형으로 살고 싶지 않아 울타리를 뛰쳐나온 입센의 소설 '노라'처럼 온전한 나의 자아를 지키고 싶었으며 배신감과 분노 때문이기도 했지만 나의 아픈 자아를 위해서 남편으로부터 부여받은 경제적 울타리와 적당히 타협하고 싶지 않았다. 그래서 노라와 같은 용기를 냈다. 아이 둘을 데리고. 그러면 지상의 방 한 칸은 쉽게 얻어질 줄 알았다.

그러나 그것은 더 어려운 일이었다. 생존을 위해 일해야 하는 나날들 속에서 생은 혹한과 바람 속에서 꽃 한 잎 피워내는 집중력을 요구했기 때문이었다.

내게도 드디어 지상의 방 한 칸이 생겼다.

불혹과 지천명이 바톤을 주고받는 마지막 결승점 같던 시기에…….

어느 날 몇몇 지인들끼리 모여 차를 마시며 어떤 분이 말했다.

"여자와 남자가 서로 사랑하는 것은 순전히 호르몬 작용 때문이라네요. 그래서 어떤 남녀관계든 길어야 3년이 유통기한이 된다는 것이지요. 요즈음 아이들은 그 유통기한이 3년이 아니라 3개월이라면서요? 그래서 만난 지 100일을 기념하는 것이 큰 의미라고 하네요."

사랑의 유통기한에서 약속의 유통기한까지 이야기가 발전하여 한참 얘기하고 있었는데 잠자코 우리들 이야기를 듣던 어떤 분이 말했다.

"그럴까요? 선생님, 지리산 천년송은 천년을 그 자리에 있는데 사람의 약속도 한 오십 년은 간다는 것을 보여주고 싶어요."

사람들은 "그래요?" 하고 넘어갔지만 난 그 말이 가슴 복판을 찔렀다. 마치 나 자신이 과녁이 된 듯했다. 생가슴을 열고 제자리에 서서 누군가 과녁을 향해 정확하게 맞추어 주기를 염원했던 과녁, 아니면 적어도 그 곁에서 모든 것을 보아온 지리산 천년송이 된 느낌이었다. 화살이 나를 향해 휙 쏘아지는 소리가 들렸다. 짧은 순간이었다.

내게 있어서 유난히 취약한 계절, 겨울. 거의 사스 수준인 감기에 걸려 며칠 직장을 쉬었다. 감기로 직장에 며칠 병가를 냈다면 그 얼마나 창피한 일인지 알고 있었지만 도무지 병원을 다녀도 열이 내리지 않고 정신을 차릴 수가 없었다. 게다가 개가 짖듯 하는 기침이 끊임없이 나오니 참고 근무를 하려 해도 방문 민원인들은 물론 전화 민원인들까지 민원인에게 미안한 것은 말로 다 할 수 없었다. 그동안 다니던 병원에서는 이번 주까지 열이 내리지 않으면 정밀검사가 필요하니 큰 병원에 가보는 것이 좋을 것 같다고 했다.

어쨌든 병가를 낸 다음날 열과 개 짖는 듯한 기침으로 가슴에 구멍이 뚫릴 것 같던 밤을 지새고 살풋 잠이 들어있었다.

모르는 전화번호였다. 받지 않을까 하다가 받으니 그였다.

"선생님, 샛강에서 버들개지를 꺾었는데요. 샛강은 아직 얼음이 풀리지 않았어요."

"그래요?" 몸이 아픈데다 엉뚱하고 상관없는 얘기로 잠을 깨운 노여움이 잠시 내 목소리에 묻어있었다. 잠시 정적 후에 "오늘 퇴근 후에 가져다 드릴게요."

지리산 뱀사골 근처에서 근무하고 있는 그는 퇴근 후에 청회색 빛 물오른 버들개지와 지리산 약초—열과 기침에 좋다는— 를 가지고 왔다.

"선생님 집 앞인데요. 잠깐 내려오실래요?"

호의를 받아들이는데도 연습이 필요하다는 것을 그때 처음 알았다.

열에 들뜬 빨간 얼굴, 헝크러진 머리, 형편없이 망가진 외모를 누구에겐가 보여 준다는 것이 마치 수치같이 느껴졌다.

아래층 길가에 주차한 그의 차에 다가가서는 "고맙습니

다.” 마지 못해 인사치레를 하고 어정쩡하게 서 있는데 그런 내 마음을 재빨리 알아차린 그는 “빨리 회복되십시오.” 하더니 바로 차를 출발시켰다.

묏버들 꺾어 보내노라
창 밖에 심어두고 보소서

홍랑이 최경창에게 보낸 짧은 시이다. 이 짧은 문장 안엔 사랑의 애틋함과 우물 속 같은 사랑의 깊음, 시간의 연속성과 불변의 사랑, 호르몬 따위와는 상관없는 사랑의 지속성 등 모든 성분이 들어있음을 안다. 샛강에서 버들개지를 꺾어온 그도 그런 심정이었을까? 아무도 우물 속 같은 그의 마음을 모른다. 그 후 한 달을 괴롭히던 지독한 감기가 거짓말처럼 나았다. 묏버들은 물을 담아둔 화병에 꽂혀서도 꽃가루까지 내면서 푸르게 자랐다.

언젠가 문화연구소 회원들과 함께 방문한 그의 아파트는 꽤 넓은 거실 벽 사면이 그가 30년 동안 지리산 동편제를 지키기 위한 몸부림처럼 자료들로 빼곡히 채워져 있었다. 채

록을 위한 사진 자료와 녹음테이프만도 몇 천 개이며, 그동안 명창이나 판소리 종가들의 서류와 음반들, 심지어는 판소리 종가의 호적이나 토지대장 등 그의 집은 자료로 묻혀 있었다. 전국 방방곡곡 발품 팔아 국가의 지원 없이 사재를 털어 구입한 한 사람의 열정과 그의 생애가 그만의 지상의 방 한 칸에 빼곡히 채워져 있었다. 나도 모르게 혼잣말이 튀어나왔다 "아! 정말 지상의 방 한 칸이다."

그가 물었다. "이주리 선생님, 그 말이 무슨 말씀인지 조그만 설명해 주시면 안 될까요?"

"온전한 자신만의 청정지역, 온전한 자아를 지켜줄 지상의 방 한 칸이란 뜻인데요. 저는 평생 가져보지 못했어요. 다만 그것을 꿈꾸어온 사람이거든요."

순간 잠시 그의 눈이 빛났다.

그런 일이 있고 몇 개월 후, 그는 조심스럽게 내게 말했다.

"어느 단체에서 폐교를 하나 사서 리모델링을 하여 농촌생태 체험장을 만들려고 하나 봐요. 그래서 체험장뿐 아니라 2층의 많은 교실들을 막아 문인들이나 문화전문가들에게 집필실을 만들어주자고 제안했어요. 아직 공식적인 것은 아니지만 그중 하나를 이주리 선생님에게 달라고 문화원 사무국장에게 부탁했어요. 재능 있는 문인이 남원에 인사 발령받아 들어왔는데 그 인연을 남원에서 다른 도시로 가지 못하게 붙잡아 앞으로 커다란 프로젝트를 함께 만들어 보자구요."

"무슨 프로젝트 말인가요?"

"문학의 문화화 또는 산업화 같은 것이지요. 남원은 경제적인 자원보다는 문화적 자원이 많은 도시입니다. 이제 남원이 살 길은 되지도 않는 공장 유치나 공단 조성, 그런 것들이 아닌 문화적 자원을 활용한 산업화에 예산과 노력을 집중 시켜야 합니다. 하동만 해도 박경리 선생님의 토지 덕분에 민속촌과 같은 세트장인 최참판 마을을 재현시킴으로 문학을 관광자원으로 발전시켰습니다. 그래서 그 일대가 토지 덕분에 먹고 살 만하게 되어 있지 않습니까? 그뿐인가요? 최명희 선생님의 혼불도 그저 동아일보의 연재물로서 하나의 출판물에 불과할 것을 남원에서 문학의 문화화 정책에 맞물려 그 가치를 재해석하고 당시의 농촌문화의 집대성이나, 한국어의 보고로 자리 매김하지 않았습니까? 지금은 남원 사매에 문학관뿐 아니라 두 개의 문학관에서 누구나 최명희를 기억하고 있지 않습니까? 세월이 지난 뒤 역사가 기억할 것입니다. 선생님, 저를 믿으십시오. 저는 산골에 근무하는 일개 말단 공무원이지만 판소리에 관한 한 전국적인 수준에서도 뒤지지 않는다는 것을 저도 남도 알고 있습니다."

그렇게 길게 말하는 그를 본 것은 처음이었다. 그의 이런 말 속에 거만이나 잘난 척이라고는 찾아볼 수 없었다. 좀처럼 하지 않던 자신을 향한 칭찬(?)조차도 오직 책 속의 사실만을 말하듯 담담하게 말하고 듣는 사람에게도 책의 글을 받아들이듯 담담하게 받아들이게 하는 것이 그의 특징이었다.

"그런데 그것과 제가 어떤 관계가 있나요?"

그는 한참 말이 없다가 이렇게 말했다.

"저는 선생님을 그렇게 만들어주고 싶어요. 선생님의 재능에 약간의 환경적 도움이 더해진다면 충분히 해낼 것으로 믿어요. 또 제가 나고 자란 남원을 위해서이기도 하고요."

"남원에서 제게 집필실을 준다면 저는 남원을 위해 뭘 하면 되죠?"

"제가 가지고 있는 막대한 자료를 드릴 테니 그것을 대하소설로 만들어 주세요. 선생님께서 굳이 판소리뿐 아니라 무당이나 얼음산이 등 광대들과 특히 소리광대들의 260년 역사를 조명하여 그려냈으면 합니다."

나는 할 말을 잃었다. 그것은 그동안 그의 전 생애를 나에게 실어주겠다는 얘기였다.

"그런데 그 단체에서 생태문화 체험장을 만들자면 적어도 예산집행부터 준공까지 실제로 시간이 1년 이상은 걸릴 겁니다. 그래서 말인데요."

그는 여기까지 말하고 많이 망설였다.

"다른 뜻은 아니니 오해 없이 들어주셨으면 합니다. 남원에서 좀 떨어진 곳에 그 집필실에 입주할 때까지 선생님의 집필실을 마련하려고 합니다. 선생님의 뜻을 들어보고 오해 없이 받아 들여주신다면 그곳에서 글을 써보시면 어떨까요? 지금은 자료정리나 소설작법 공부를 하시는 것이 좋을 것 같습니다. 원하신다면 교수님께 부탁드려 대하소설 쓰는데 필요한 소설들을 추천받아 주말엔 집중적으로 독서를 하시는 것도 필요하고요."

그는 정말 매니저나 기획사의 직원처럼 감정을 배제한 목소리로 말했다.

그가 꾸는 꿈이 현실적으로 가능할지 불가능할지는 아직 아무도 모른다. 어쩌면 그의 말대로 시골 면서기의 소박한

꿈으로 져버릴 꿈일지도 모른다. 그동안 소설은 단 한 편도 시도해본 적이 없었다. 더욱이 직장에서 힘든 업무와 함께 대부분의 시간을 보내고 무슨 시간에 소설을 쓸 시간을 확보할 수 있을까? 나의 체력이 소설을 쓰는 데 버틸 수 있을까? 현실적인 문제들이 마음속으로 휙휙 지나갔다.

그러나 나는 안다. 그의 절실한 믿음과 꿈을 향해 "저는 못하겠어요!" 하고 단호하게 거절할 용기가 나에게 없다는 것을.

어쩌면 나에 대한 한 사람의 이런 지순한 믿음이 나를 일깨워 초능력의 힘이 더해져 그 작업을 해낼 수 있을지도 모른다는 생각도 들었다.

그가 나에게 주었던 것은 바로 남은 생애 동안의 지상의 방 한 칸이었다.

난 솔직히 개인적으로 그런 부담스러운 의무를 동반한 지상의 방 한 칸보다는 그저 남자가 여자에게 주는 지고지순한 마음 같은 것이었으면 좋겠다는 생각을 처음으로 했다.

지리산 깊은 산속의 차가운 물처럼 무공해 마음을 가진 남자의 착한 아낙이 되어보는 것도 좋을 것 같았다. 두 사람의 정년 후에 지리산으로 들어가 낮에는 콩밭을 매고 밤에는 서로의 집필 작업을 하는 목가적 행복도 아무도 모르게 꿈꾸었다. 부리를 다치고 지친 날개로 어느 섬에 도착한 새처럼 이제는 쉬고 싶다는 마음이 생겼다.

그러나 나는 안다. 그는 남자가 여자에게 주는 그런 마음은 가져본 적도 해본 적도 없는 영낙 없는 촌사람이다. 그는 이렇게 말할 뿐이다.

"선생님, 저는 한 자리에서 천년을 지켜온 천년송이 있는 지리산 와운 마을에 업무 도중에도 자주 가요. 마을 속으로 구름이 지나가는 날도 있는데요. 구름이 눕는다 하여 와운 마을이지요. 그리고 생각해요. 그곳의 나무는 한자리에서 천년을 지켜왔는데 사람의 약속이 적어도 50년은 가야 하지 않겠냐 하구요. 남은 생애 동안 제자리에서 선생님의 생애를 지켜보는 약속의 나무가 될게요."

그는 내게 나의 무엇이 되고 싶다는 말은 하지 않았다. 다만 나의 자아와 나의 길을 지켜 봐주고 내가 꾸는 꿈이 돈키호테처럼 어리석은 꿈일지라도 그의 애마 로시난테의 옆구리를 차며 풍차를 향해 칼을 뽑는 일을 묵묵히 도와줄 진정한 지상의 방 한 칸을 선물했을 뿐이다.

지리산 뱀사골표 눈빛으로.

(2010년 作)

잃어버린 마음 하나를 찾습니다

몸 담그면 그대로 머리칼 한 올 한 올까지 쪽빛으로 염색될 것 같은 짙푸른 하늘을 보며 가을 들녘에 섰다. 청보랏빛 코스모스는 시각적인 아름다움보다 길고 가냘픈 안타까움으로 눈보다 먼저 마음으로 들어온다.

"어디로 갔을까?"

저절로 핀 들꽃의 눈꺼풀 밑, 잠자리 응가하고 날아가 버린 자리, 청솔모가 가지고 놀던 도토리 굴러간 자리, 심지어 눈길 닿는 땅 위엔 없을 것 같아 어릴 적 잃어버렸던 가오리연이 날아가 버린 창공까지 여기저기 찾아보았다.

"뭘 말이야, 엄마?" 똥그란 눈을 뜨고 아들이 묻는다

"으응….내 잃어버린 마음 한 조각 말이야."

여름내 별로 욕심도 없이 울고 있었던 내 몸 안의 순한 마음을 지켜주지 못했다.

자꾸 아프다고, 못 견디겠다고, 숨을 쉴 수가 없다고 했었을 때 이미 치료해주고 안아 주어야 했었다. 이제 그 마음은 내 가슴을 탈출해 어디론가 날아가 버렸다. 그 마음이 있었던 자리에 아련한 냄새만 느낄 수 있을 뿐이었다. 어디로 갔을까? 그가 빠져나간 자리를 가만이 만져보았다. 참혹한 구멍 하나가 남겨졌다. 가장 선명한 존재 의식은 부재(不在)에서 온다고 누가 말했을까?

이제 난 꽃이 진 자리를 보아도 눈물이 나지 않는다. 쬐그만 잎을 햇빛에 비춰보며 잎의 혈관을 도는 초록빛 생기에도 별로 감격하지 않는다. 그 마음이 내 가슴 안에서 보따리 싸 들고 가출해 버린 동안 난 무엇을 했던가? 더 강한 자극을 주었을 때 상처를 입지 않는 항체를 키울 지독한 항원을 단계별로 내 몸에 주사했다. 이제 난 누군가의 혀의 칼에 찔려도 곧바로 피가 나지 않는 두꺼운 갑옷을 심장의 표면에 입히는 데 성공했다. 이제 더 이상 눈물짓지 않는다. 또

한 그 누군가가 내 심장을 향해 칼을 겨누면 난 방패로 막을 뿐 아니라 그보다 더 긴 칼로 그를 공격할 수도 있게 되었다. 전에는 상상도 할 수 없는 능력 하나를 개발한 셈이다.

지난 봄과 여름. 끈질긴 염증으로 몸은 상해 가고 마음은 정서의 극한까지 가는 극점을 보여 주었다. 남들에겐 쓸데 없는 소모전쯤으로나 비쳐졌을 사건이었지만 내게는 아직도 상처 자국을 들추면 피가 뚝뚝 날 것 같은 날것으로의 아픔이 있다.

같이 글을 쓰는 문인들 사이에서 흔히 있는 서로가 서로를 이해하지 못한다거나 사소한 의견 차이에서 시작된 것만은 아니었다. 그것보다 좀 더 깊은 악의와 질투에서 비롯된 싸움으로 난 처음엔 무척 당황했고, 어떻게 해야 할지 마냥 슬프기만 했었다. 진심이 곡해되고 인격이 굴절되는 것도 모자라 무척 힘들었지만 긍지를 가지고 살아온 한 사람의 삶이 비굴하게 동정이나 연민을 구걸하는 거지로 전락하고 말았다. 그녀는 나의 상처받기 쉬운 감수성을 인정하지 않았다. 그것을 아프다고 아우성치는 엄살이라 치부했다. 나 또한 그녀의 독설과 논리를 악의라는 혐의 위에서만 생각했다. 더욱이 죽어서도 못잊을 말은 날 한 번도 본 적 없던 그녀의 지인이 하던 말이었다. 평소에 때로 좀 더 근사해 보이기 위하여 새침을 떤 적은 있어도 왜 위장을 하는지, 어떻게 위장을 하는지, 심지어 위장을 해서 무엇을 얻을 수 있는지조차 모르던 내게 "위장은 생존의 한 방식"이라며 발톱을 숨긴 위선자로 인격을 오해하고 나를 비방하는 글을 쓰는 데는 나를 아는 지인들이 말하듯 그저 침묵하면서 참고 견디지 못할 만큼의 모멸을 느꼈다. 불면의 밤이 계속되었고, 건강은 나빠져 갔다. 사십여 년을 내 안에 있었던 순수하고 가녀린 내 마음이 함께 시들어 갔다.

나는 여름내 피투성이가 되어 같이 칼을 들고 싸웠다. 잃어버린 내 자존심을 위하여.

주위 사람들은 내게 싸울 가치가 있는 일에 싸우라고, 침묵하는 미덕을 보이라고, 지는 것이 이기는 것이라고 성인군자들 처럼 말했다. 나는 속으로 이렇게 말했다. "당신들이 당해보았나요? 불면의 밤마다 세포 속에 하나하나 새겨지던 모멸과 아픔을?" 그리고는 난 용감한 무사라도 된 양 맞고 쓰러지면 다시 일어나서 공격하는 전투를 하며 마음속에 무덤 하나씩을 만들어갔다.

그즈음 나는 전에 알지 못했던 내 안의 공격성과 사나운 품성 하나를 마흔이 넘은 나이에 발견하고 스스로 놀라고 있었다.

그러는 동안 난 오래전부터 있어 왔던 마음 한 조각을 잃어버렸던 것이다. 내 귀가 모세의 바닷길마냥 열려 저 끝 사막의 모래바람 소리를 듣게 하는 마음, 하늘 가장자리 베어 낸 자리로 뜨겁게 쏟아지는 햇빛을 보게 하는 마음, 여린 풀씨 하나 바람에 지는 모습을 보게 하는 마음….

지금 내게 결코 찾아 오지 않는 마음을 나는 이렇듯 그리워했다. 이 평화로운 가을 들녘에 서서.

들 옆으로 흘러가는 물줄기가 서늘하게 식도를 타고 가슴으로 흘러드는 것 같았다. 여름내 활화산처럼 들끓고 가시처럼 사나웠던 내 마음을 식혀 주려는듯. 누군가의 시구가 생각났다.

안식이여
병 뒤의 회복처럼
연꽃의 향기처럼
유배 뒤의 귀가처럼

오늘 내 앞에 와 다오

겨우, 우리네 삶이란 것이 여름한 철 뜨겁게 피어 올랐다가 지고 마는 꽃잎 눈꺼풀 닫는 순간까지였던 것일까? 그 짧은 순간에 사랑하고 살 것들도 다 껴안고 살지 못하는 마당에 증오와 곡해와 굴절에까지 시간을 바치다니 참으로 후회가 켜켜이 쌓인다.

활화산같이 분노와 원망과 미움이 끓어넘치던 여름을 뒤돌아보았다.

나를 상하게 했던 상대방과 내가 상하게 했던 상대방을 "누구나 인간은 외로운 거야." 하며 안쓰러워하고 저 흘러가는 물처럼 다 껴안고 흘러갈 순 없었을까? 내 마음 안에서 그녀와 나와의 불협화음이 되어야만 했던 문제의 음(音)들을 절대 음정 위에 놓고 조율할 수는 없었을까?

그녀뿐 아니라 나 스스로를 용서하는 마음이 내게 새로이 피어나는 먼 훗날, 나를 남기고 떠나가 버린 내 잃어버린 마음 한 조각 스스로 찾아와 줄까? 할 수만 있다면 전국 방방곡곡 전단지라도 돌려서 잃어버린 내 마음을 찾고 싶다.

'전라도 어디쯤에 사는 주인을 두고 가출해버린 괘씸한 마

음 하나를 찾습니다.'

(2003년 作)

아름다운 이별 1

베란다로 나가 하늘을 보았다.

밤하늘에 빨대를 꽂고 한껏 들이마신 뒤 숨을 내쉬면 은빛으로 산화된 별빛이 피리 소리가 되어 쏟아져 나올 것 같은 밤이었다. 문득 가슴 한쪽이 서늘해지고, 지금은 헤어져 멀어진 것들이 작은 생채기로 남는다.

이별엔 면역이 없는 것일까? 누군가와 또는 어떤 대상과 헤어질 때마다 가슴을 면도날로 그은 듯한 알싸한 아픔이 생기니 말이다. 헤어짐에도 항체가 있다면 아마 내성이 생겨 나중 것은 훨씬 덜 아프게 될 텐데 하는 황당한 생각을 해보았다.

딸아이의 눈물겹고 성숙한 이별 이야기가 나를 부끄럽게 만들었던 일이 있었다. 유난히 동물을 좋아하는 아이여서 그런지 아이들의 꿈은 해마다 변하는 게 흔한 일인데도 "너 커서 뭐가 되고 싶니?" 하고 물으면 주저하지 않고 "난 수의사가 될거에요." 하는 말을 유치원 때부터 중학생이 될 때까지 하곤 했었다. 그때 아이의 눈을 보면 마치 막 출산을 마친 엄마가 아기를 내려다보는 듯한 눈이었다.

오랫동안 가슴에 품고 있어 아직 이루어지지 않은 꿈은 그윽하고 아름답다. 딸아이가 초등학교 저학년 때였다. 하루는 그동안 모았던 돼지저금통의 배를 가르고 단단히 결심한 듯 말했다.

"엄마, 돼지 수술시켰어!"

"왜?"

"으응, 햄스터 살 거야."

"뭐, 쥐새끼 말이야?"

"쥐새끼가 뭐야, 엄마는. 얼마나 귀여운데."

난 머릿속이 쥐가 날 것처럼 아파왔다. 털 달린 동물 모두는 내 공포의 대상이었다. 심리학적인 용어로는 뭐라 하는

지 모르지만 난 일종의 기억 속의 쇼크를 가지고 있다. 털 달린 동물의 그 꼬물거림이 내 몸의 촉수 어딘가에 심각한 알레르기 반응을 일으키고 있었으니 말이다. 실제로 털 달린 동물을 보기만 해도 피부에 좁쌀만 한 것이 돋아나 가려움증으로 고생을 하기도 했다. 어쨌든 강아지도 고양이도 병아리도 털 달린 짐승은 다 징그러운데 그것도 쥐라니.

"안 돼! 절대 안 돼! 내 집에서 쥐라니…."

그 아인 단식투쟁으로, 눈물로, 그것도 통하지 않자 동생까지 제 편으로 만들어 엄마 설득 작전에 나섰다. 결국 평균 성적을 몇 점 이상 올리면 주겠다는 실현 가능성이 없는 조건으로 협정의 종지부를 찍었다. 그런데, 그런데! 정말 중간고사에서 그 애는 깜짝 놀랄 성적으로 나를 항복시켰다.

드디어 새장 속에 헬스 기구(살찐다고 운동을 위해 물레방아 모양의 쳇바퀴가 들어 있었다.)까지 갖춘 햄스터가 우리 집으로 들어왔다. 딸아이의 보살핌은 정말 도를 넘었다. 사료는 물론이고 각종 비타민, 신선한 야채까지…. 냉장고를 뒤지다가 엄마에게 혼나는 것도 아랑곳하지 않았다. 동생이 한번 만져 보자 하면 절대 허락하지 않았다. 학교에 가기 전에 자기가 없어도 심심해하지 않게 해달라고 하나님께 기도까지 하고 나서야 학교에 가곤 했다. 그 애가 하루에 한 번씩 햄스터를 목욕시키고 나면 난 수도꼭지에서부터 세숫대야, 닦고 난 수건, 욕실 바닥까지 락스를 풀어 청소를 해야만 했다. 그뿐인가? 아이는 그 녀석을 예뻐하고 돌볼 줄만 알았지 사료를 주면서 어지러워지는 방과 그 녀석의 대변으로 얼룩진 처소를 청소하는 일은 온전히 내 몫이 되었다. 밤마다 찍찍거리며 헬스를 하는 녀석 때문에 잠귀가 예민한 난 잠을 자지 못하는 일도 많았다.

어쨌거나 녀석은 내게 심각한 피해를 주고 있음에도 불구하고 아이가 제 목숨만큼 아끼는 존재라는 한 가지 이유만으로 우리 가족이 되어갔다.

시간이 지나면서 나도 그 녀석의 하는 짓이 귀엽다는 생각이 들기 시작했다. 그 녀석은 품성상 귀족이었다. 새하얀 털에 새까만 눈동자를 가진 녀석은 행동에도 기품이 있었다. 먹이를 바닥에 주면 절대 먹지 않았다. 반드시 노란색 먹이통에 그것도 깨끗이 청소가 되어 있어야 먹었고, 대소변도 사람이 보는 낮에는 하지 않았다.

햄스터에도 여러 가지 종이 있다고 한다. 이 녀석은 발음

하기도 힘든 로보로브스키 종인데 이름만으로는 러시아산 인 줄 알았는데 사실 몽고의 서남부와 중국의 흑룡강 등지에서 서식한다고 한다. 햄스터 종으로는 제일 작으며 겁이 많아서 길들이기가 쉽지 않다고 한다.

이런 정보도 아이가 인터넷을 뒤져서 스크랩을 해놓은 덕분에 알 수 있었다. 가끔 딸의 방에 가보면 녀석을 가슴에 얹어놓고 애인에게 하듯 대화를 하고 있는 것을 자주 보았다. 그 녀석은 아이에게 있어서 애인이나 마찬가지였다.

아이가 학교에서 돌아오자마자 사무실로 전화를 했다. 다급한 목소리였다.

"엄마! 베베가 죽어가. 숨을 쉬었다 안 쉬었다 해." 거의 절규에 가까웠다. 급기야 딸아이는 엉엉 울었다. 민원인이 한참 많은 시간이라 바쁘기도 했지만 동물 병원을 알아보고 엄마가 같이 병원에 가주겠다며 달랬다. 근무상황부에 조퇴 처리가 될지 여부와 병원의 정확한 위치나 진료 시간을 알아서 다시 전화해 주겠다고 했다. 몇 분 후 딸에게서 전화가 왔다. 이상하게 차분한 목소리였다.

"엄마, 애쓸 필요 없어 베베가 죽었어. 이제 영영 숨을 쉬질 않아." 엉엉 울 때보다 눈물조차 나오지 않는 이 아이의 조용한 슬픔이 내게도 싸아한 아픔으로 다가왔다. 그리고 겁이 나기도 했다. 그처럼 사랑하는 대상을 잃은 아이의 앞으로의 나날에 대하여.

퇴근 후 딸의 방을 들여다보았다. 베베의 처소엔 아파트 화단에서 꺾어온 것으로 보이는 꽃이 꽂혀있었다. 덩그러니 남겨진 녀석의 처소가 어둠 속에서 외로워 보였다. 방에는 녀석의 시체도 딸아이도 없었다. 어디로 갔을까? 딸을 찾아 나섰다. 그 애는 화단에 앉아서 상처 입은 작은 새처럼 동그마니 앉아있었다. 그 작은 아이에게서 농익은 그리움이 느껴졌다.

화단엔 아이의 슬픔만큼 커다란 베베의 무덤이 있었다. 조약돌로 주위를 장식한 하트모양의 예쁜 무덤에 하얀 꽃잎으로 봉분을 덮어놓았다.

“엄마. 동물들도 죽으면 별이 되나?”

몇 달 후였다. 사무실로 전화가 왔다. 아파트 경비 아저씨였다.

“집의 딸이 경비실에 와서 울고불고 난리가 났어요. 뭔가 나에게 내놓으라고 하는디 원, 세상 살다살다 이렇게 지독한 애는 처음이고만요."

웬일인가 싶어 아이를 바꿔 달라고 했다.

"예원아, 너 왜 경비아저씨를 괴롭히니?" 혼을 내주려고 목소리에 빳빳하게 풀을 먹였다.

"엄마, 아저씨가 베베를 살아나지 못하게 했어. 정말 나쁜 아저씨야."

"뭐?"

"오늘 베베가 죽은 지 꼭 100일째 되는 날인데, 오늘만 지나면 베베가 살아날 수 있는데…."

딸은 책을 뒤져서 죽은 생명을 살아나게 하는 방법대로 주술을 걸어놓았다고 한다.

장미꽃잎에 속눈썹 하나와 왼쪽 새끼손톱을 싼 뒤 창가에 두고 창문을 열어 달을 보며 주문을 외우는 일을 백일 동안 하면 죽은 생명이 살아 돌아온다고 했다. 날마다 달력에 날짜를 기록하며 100일이 되었다고 했다. 아이는 그날만 지나면 베베가 살아 돌아올 걸로 생각하고 있었다. 황당한 생각이었지만 그 아이에게는 신앙이었다.

그런데 경비아저씨가 바로 그날 화단을 정리하느라고 베베의 무덤을 파헤친 것이었다. 아이의 슬픔은 히드클리프

언덕의 폭풍처럼 길고 격렬했다. 나는 다른 햄스터를 사주겠다고 달랬다. 그런데 그 애는 그 달콤한 제의를 거절했다. 다른 햄스터는 필요 없다고 했다. 그날 밤 열이 불덩이처럼 나는 아이를 데리고 병원응급실을 다녀와야만 했었다.

그 후 많은 시간이 지났다. 아이는 나보다 키도 커졌고, 생각도 성숙해졌다. 미국에 사는 동생이 한국에 다니러 와서는 딸아이가 제일 기뻐할 선물이라고 생각하고 햄스터를 사주었다. 이번에는 장가리언 햄스터라고 했다. 이름이야 뭐라 하던 그 녀석은 귀족풍의 베베와는 달리 좀 익살스럽고 장난스러웠다. 빨빨거리고 돌아다니는 것은 물론 새장처럼 생긴 천장에 거꾸로 매달려선 찍찍거리며 재롱을 부리는 천방지축 장난꾸러기였다.

딸에게 그 녀석은 그 옛날 베베의 존재가 된 것은 물론이었다. 이름은 산타였다. 딸은 거의 모든 사물에 이름을 붙인다. 하다못해 100원짜리 지우개도 그 애의 것은 이름이 있었다. 지우개의 이름은 베낌이었다. 이름들의 출처는 어디서 오는지 아무도 모른다.

얼마 전 베베처럼 아끼던 산타와도 눈물겨운 이별이 있었다. 토요일 오후엔 특별한 스케줄이 없는 한 내년에 고등학생이 되는 딸과 아직 초등학교 저학년인 장난꾸러기 아들과 함께 인후도서관을 찾는다. 깍쟁이 딸은 공부한다고 도서관 안으로 들어가지만 아들과 난 도서관 뒤 공원으로 향한다. 공원은 아이들에게 컴퓨터와 TV, 책에 지친 눈과 마음을 그 푸르름으로, 신선한 공기로 맑게 씻어준다.

여느 때 같으면 공부 시간이 아깝다던가, 동생과는 수준이 맞지 않는다며 우리와 공원으로 동행하지 않던 딸이 그날은 따라나섰다. 운동기구가 있는 곳에 이르자 잠자코 따라오던 아이가 갑자기 눈물을 뚝뚝 떨어뜨렸다.

"너, 왜 그래, 어디 아프니?"

"아니."

"그럼 왜 그래? 응?" 그 애는 아무 말도 없이 가방 속에서 플라스틱 통을 꺼냈다. 난 심장이 오그라드는 것 같았다. 그 속엔 산타가 들어있었다. 딸은 아무 말 없이 산타에게 입을 맞추더니

"알았지? 나 없이도 잘 살아야 돼. 네가 그렇게도 자유를 원했잖니? 지금까지 나 때문에 좁은 새장 속에 답답하게 가두어서 미안해. 나무도 타고, 시원한 공기도 마시고…." 결국 그 애는 등을 들썩이며 울었다. 그리고 산타를 풀어주었

다. 잠시 머뭇거리던 산타는 제 세상을 만난 듯 빠르게 숲을 향해 달려갔다

종착역을 향해 달려가는 인생의 긴 기찻길에서 이별은 홍역처럼 다가온다. 나도 예외는 아니어서 이별의 간이역에 내릴 때마다 가슴을 베는 헤어짐에 다치고 울었다. 돌이켜보면 내게 있어서의 이별은 딸아이의 이별에 비해 얼마나 이기적이었던가. 물론 나의 이별에도 많은 망설임과 아픔이 있었다. 때로는 선택에 대한 자신감도 있었다. 하지만 아무리 아프고 힘들어도 '나'를 위한 선택보다 '너'를 위한 선택을 할 줄 아는 딸아이는 날 한없이 부끄럽게 만들었다.

때로 삶은 나에겐 버겁고 힘겨웠었다. 인생의 횡단보도에서 있을 때 여전히 빨간 불만 깜박거렸고, 초록 불을 보여 주길 바라는 긴 기다림이 있었다. 마음의 신호등은 좀처럼 초록빛을 보여 주지 않았다. 전에는 그 초록빛을 기다리며 아프고 불행했었다. 이젠 깨달았다. 인생의 초록빛은 누가 보여 주는 것이 아니고 내 맘속의 신호등인 것을.

웃으며 돌아서는 법, 아프지만 행복한 것, 그리고 너를 위해 나를 포기하는 것에 대해 조금은 알 것 같다. 어린 딸의

성숙한 사랑과 아름다운 이별 덕분에 말이다. 오늘 밤은 유난히도 별빛이 곱다.

(2005년 作)

지상의 방 한칸 1

살다 보면 때로 내 메모리에 용량 이상으로 채워져 내 안의 많은 것들을 비우지 않으면 안 될 때가 있어 가슴도 휴가를 보내야 할 때가 있다. 바쁜 일상에 쫓기고, 직장에 붙박이 가구처럼 매인 몸은 떠나지 못해도 유난히 못 견뎌 하는 가슴만이라도 떼 내어 휴가를 보내고 싶은 마음이 들기도 한다. 그럴 때마다 내 마음의 청정지역을 떠올리게 된다.

아무에게도 방해받지 않고, 세상으로부터 받은 크고 작은 상처를 부드럽게 애무받을 수 있는 공간을 가졌으면 하는 바람은 이루어지지 않은 꿈처럼 늘 삶 속에서 절실하고 아련했다. '이것만은 안 돼! 안 돼!' 하는 마음의 마지노선이 무너질 때 폭포수 같은 눈물을 흘리던 날, 춥고 바람 부는 날 비까지 내려 온몸으로 맞을 수밖에 없는 그런 날에도 삶의 굽이마다 병아리 솜털처럼 따뜻하고 부드러운 배려의 장소가 있다면 얼마나 좋을까?

눈물과 한숨, 그리고 인생에 대한 편협함까지도 모두 그 위대한 침묵의 힘으로 묵묵히 받아주는 지상의 방 한 칸이 있다면 그 품에 누워 편안한 안식을 내 것으로 이름 지을 수 있다.

그뿐인가? 그곳에서 자고 일어나면 마음에 덕지덕지 묻은 오물이 깨끗이 씻겨져 밝은 햇빛 아래 해바라기처럼 밝고 당당한 마음으로 고슬고슬하게 말려 다시 돌려줄 것만 같다. 살아내야 하는 삶이 아무리 버겁고 무거워도 나를 총체적으로 이해하는 단 한 사람이 있다면 또 얼마나 좋을까. 아무 말도 하지 않고 그의 어깨에만 기대어도 가슴의 돌덩이가 가벼워지고, 기댄 채 눈물 한번 쏟고 나면 다시 건전지가 충전되듯 내 삶의 에너지가 푸른빛이 되는 그런 사람이 있다면 그 삶은 힘들지만은 않을 텐데 말이다.

인생을 힘겨운 등산에 비유해볼 때 지상에 단 한 사람 그런 사람을 가진 사람은 숨이 턱까지 차오르고 다리는 후들거리며 심장이 터져 버릴 것 같은 순간에도 맑은 샘물로 목을 축이고 편안한 바위에 누워 파란 하늘을 가슴에 담고 머리에서부터 말초신경의 말단까지 편안해지는 휴식을 취한 후 다시 산을 오르는 것과 같을 텐데….

초등학교 6학년이던 열세 살 때부터 마흔 세살이 될 때까지 30년 동안 내겐 그림자처럼 언제나 내 등 뒤에는 '지상의 방 한 칸'처럼 존재하는 친구가 있다. 이기적인 나는 내가 잘 나갈 때나, 생에 만족할 때에는 그 아이가 생각나지 않았다. 그러다 춥고 힘들어질 때 그 애의 어깨를 빌리고 눈물로 범벅이 된 마음을 서늘히 말린다.

한 번도 "내가 네 어깨를 빌릴게!"라는 말을 하지 않았는데도 그 애는 느낌으로 알았다. 언제 어깨를 빌려줘야 할 때인지, 언제 자리를 떠나 내 뒤로 사라져야 할 것인지에 대해서도 그 애는 잘 알고 있었다.

그 애는 어릴 때부터 의젓했고 반장답게 아이들을 거느리고 다니던 보스기질이 있었던 아이였다. 가끔 고무줄놀이에 열중해 있을 때 고무줄을 끊고 달아나는 아이, 화장실에다

"이주리와 누구는 뽀뽀했대요."라는 터무니없는 낙서를 해 놓은 아이, 레이스 달린 내 치마를 들춰 '아이스 케키'를 하던 짓궂은 사내아이들로부터 그애는 날 언제나 보호해 주었다. 그 후 30년 동안 그 애는 언제나 내 선택에 영향을 미치지 않은 채 늘 그 자리에 있었다.

그런데 난 그 애에게 한 번이라도 어깨를 빌려준 적이 있었던가? 늘 나보다 생을 살아 내는 데 익숙하고 마음의 일기예보가 '언제나 맑음'일 것 같은 그 애에게도 힘겹고 울고 싶어서 위로가 필요한 때는 없었을까?

언젠가 그 애에게 전화를 했다.

"와, 어쩐 일이지? 네가 다 전화를 하고…. 오늘 해가 어디서 떴는지 확인 안 해 봤네." 늘 편안한 그 애의 말에 무심하고 이기적인 내 마음이 잠시 반성의 계단을 하나 오르고 있었다.

"있잖아. 넌 힘들거나 울고 싶을 때 어떻게 하니?"

"……"

짧은 침묵의 순간이 지났다.

"궁금하니? 너 내일 토요일인데 오후에 시간 있니?"

난 웬 딴소리인가 싶어 재차 물었다.

"내일 따라와 보면 알려 줄게."

딸은 항상 그 친구를 좋아했다. 초등학교 친구들 중 M이모는 너무 말이 많고, Y이모는 너무 교양이 있어 체면만 차리고, U아저씨는 술을 너무 많이 먹고 등등 투덜거리기도 했는데 유난히 H아저씨는 제 마음에 든다고 했다.

평소에 H는 나 모르게 딸이 꼭 갖고 싶은 물건을 사주거나 딸의 고민들을 들어주는 일을 하고 있다는 걸 알면서도 난 모른 척했다. 구두쇠 딸이 제 저금통을 털어 꽃집에서 허브 화분으로 근사한 꽃바구니를 만들어 선물했다.

"아저씨, 우릴 초대해줘서 고마워요!"

토요일 오후 봄 햇살이 눈부신 시간이었다.

진안 내오천에 있는 그 애의 별장에 들어섰다. 긴 한숨이 뱉어놓은 철쭉이 흐드러지게 피어 있고, 꽃잔디가 깔려 있는 앞마당을 지나 옆으로 가보니 감나무, 자두나무, 대추나무 등 이름 모를 나무들이 심겨져 있었다. 뒤뜰에는 까치가 잎이 별로 없는 나뭇가지 위에서 까악까악 울어대며 앉아있었다. 앞으로는 작은 폭포처럼 내가 흐르고, 뒤로는 넓은 들이 펼쳐져 있었다. 산은 멀리도 가까이도 아닌 곳에 병풍처럼 펼쳐져 있어서 정말 입이 딱 벌어질 정도로 정경이 좋았다.

안에 들어가 보니 거실엔 세계 여러 나라를 여행하고 가져온 기념품들이 마치 박물관에서 탈출한 것처럼 정갈하게 진열되어 있었다. 딸이 특히 관심을 가진 것은 풍성한 깃털과 함께 인디언 이빨로 만든 총채였다. 벽난로와 통나무도 한쪽에 쌓여져 있었다. 그곳엔 안과 밖 모두 세상과 격리되어진 고요함이 흐르고 있었다.

처음 가본 곳이었는데도 소파에 앉아있자니 잠이 올 것 같았다. 탁자 위엔 김철수 씨의 판화집이 있었다. 너무나 고요하고 평안했다.

"난 사업 문제로 머리가 아플 때, 심한 스트레스로 가슴이 터져 버릴 것 같을 때, 혹시 집안 식구들에게 거친 말투가 나와버릴 것 같을 때 이곳으로 와. 여긴 나만의 처소거든…." 그 애는 내가 그렇게도 갖고 싶어하던 '지상의 방 한 칸'을 이미 소유하고 있었던 가보다.

누구에게도 보여 주지 않은 나만의 청정지역. H의 별장은 수줍게 앞가슴을 여미고 H만을 맞아들이다가 내게 들킨 것이 못내 부끄러운 듯 조용한 미소를 짓고 있었다. 그곳에서 자고 일어나면 간밤에 비에 젖은 들풀들이 햇빛에 이슬을 말리며 굳이 법정스님의 무소유의 철학을 인용하지 않더라도 비우는 미학을 온몸으로 말해줄 것 같았다. 밤이 되자 별빛이 그냥 소나기 되어 내릴 듯 했다.

"아, 정말 좋다. 엄마. 나 골치 아프게 공부하지 말고 진안으로 내려올까? 날마다 이 별빛에 샤워하게." 딸은 진심으로 말했다. 별빛 아래서 H는 아이와 함께 폭죽을 쏘았다. 요란한 사이렌 소리를 내며 밤하늘에 나비처럼 폭죽은 날아올랐다. 아쉬운 별빛과 고요를 뒤로하고 돌아오는 길에 그 애는 내게 말했다.

"너도 나처럼 꼭 울고 싶거나 위로받을 공간이 필요하면 언제든 내가 없을 때라도 와서 쉬어가, 이 울보야!" H는 슬며시 자물쇠의 비밀번호를 알려주었다.

난 가끔 내가 주인인 양 혼자서 그곳에 간다. 기습적으로 날 아프게 하는 삶의 순간이 있어서 소리치고 울고 싶을 때면 언제라도 삶이 주는 아픔을 문지르고 쓰다듬을 줄 아는 힘을 얻고자.

"세월은 제각기 혼자 부담해야 할 문제만 남겨두고 다 지나가지." 하던 어떤 소설가의 말처럼 다 지나가는 시간 속에서 상처로 아픔을 견딜 수 없을 때 팔 벌려 나를 껴안아 주고 그 침묵으로 상처를 싸매주는 곳이 있다는 것은 얼마나 큰 축복인가.

내 '지상의 방 한 칸'이 별빛 아래 졸고 있었다. 그리고 그 어둠 속에 나는 하나의 풍경이 되어있었다.

(2004년 作)

3인의 에스쁘리

이주리의 수필집 <고통과의 하이파이브를 읽고>

조윤주

중앙대학교 예술대학원 문예창작과 졸업
한국예총 예술세계 등단
한묵문협, 예술시대작가회 중앙대학교문인회 회원
시집 <미완성의 노래가 그녀를 일으켜 세운다> 외 4권
서울오늘신문 기자
한강문학 이사

사공정숙

98년 예술세계 등단
계간 <문파>주간, 한국 수필가협회 운영이사
수필집 <꿈을 잇는 조각보>
산문집 <노매실의 초가집>
시집 <푸른 장미>
산문집 서울시 <도보해설 스토리북>

설성제

2003년 예술세계 등단
울산 분인협회, 에세이 울산, 한국에세이포럼 회원
수필집 <바람의 발자국> <압화> <소만에 부치다>
울산지역 도서관 등 관공서에서 수필 지도

그대들의 최후에도 봄이 놓일 것이다

조윤주

그대 앞에 봄이 있다, 고 말하면 될까!

겹겹의 섶을 헤쳐 보니 신(神)이 깊은 산(山) 샘물 속에 감춰놓은 선물이 있더라, 처음 그녀를 만났을 때 형용할 수 없이 아름답고 투명한 보석을 발견한 느낌.

일단 이주리작가의 겉모습의 아우라는 그랬다.

하지만, 조심조심 내면의 소리를 들어보면 맥시코 여류화가 프리다 칼로의 모습이 보인다.

그녀가 현실과 당당히 맞서면서 고통의 감정을 승화, 강렬한 명화를 탄생시켰듯이 이주리작가는 결이 곱고 깊은 수필과 시를 탄생시키고 있기 때문이다.

따라서 고통을 버무려 고차원적인 작품의 세계를 빚어내는 점이 매우 닮았다고 할 수 있다.

이주리 작가는 뼛속까지 잘 다듬어진 예인(藝人)이다. 자신만의 색채와 필력을 갖춘 작가가 되기까지 끊임없는 연마(鍊磨)의 시간을 가졌으리라 짐작된다.

> 그 아이는 생애 처음으로 떨어진 시험을 극복하지 못하고 학교에 한동안 나가지 않았다. 이유는 "창피해서 죽을 것 같아!"였다. 나는 그 애의 마음을 돌리려고 하지 않았다.
>
> "그래, 너 자퇴를 하고 싶으면 해라. 하지만 저 꽃을 봐라. 저 꽃들은 창피하다고 봄에 꽃을 피우지 않는 것은 아니란다. 저 돌을 봐라. 저 돌들은 햇빛이 뜨겁다고, 아프게 밟힌다고 저 자리를 피하지 않는단다. 내 딸이 저 꽃들만큼만 저 돌들만큼만 살아갈 수만 있다면 그동안 엄마의 고생이 헛되지 않았을 거라 믿는다" 그 후 아이는 다른 전공을 하여 그 길을 선택했고, 지금은 유능한 직장인이 되었다.
>
> [천지가 꽃이다 일부]

나는 꾹꾹 눌러도 더 이상 공간이 없어 꾸역꾸역 삐져나오는 삶의 진액을 풀어 스스로를 돌아보게 하고 더 진취적인 행동을 하게 만드는 작가에게 늘 숙연해지고 가슴이 떨린다.

그런 글을 읽다 보면 혈관이 부풀어 오르고 심장이 쿵쾅거린다. 마음이 순해지고 무소유 속으로 터벅터벅 걷고 싶은 충동을 느낀다. 무거운 것들을 죄다 버리고 싶어진다. 이주리작가의 글 속으로 하염없이 빠지다 보면, 나는 없고 글이 나의 영혼을 지배한다. 세뇌파에 노출된, 나의 최후처럼, 이 글을 읽는 그대들의 최후에도 봄이 놓일 것이다.

조윤주 (시인 · 서울 오늘신문 기자)

중앙대학교 예술대학원 문예창작과 졸업
한국예총 예술세계 등단
한묵문협, 예술시대작가회 중앙대학교문인회 회원
시집 <미완성의 노래가 그녀를 일으켜 세운다> 외 4권
서울오늘신문 기자
한강문학 이사

꽃의 역사-이주리 수필집에 붙여 쓰다

사공정숙

꽃의 세계는 우리 삶을 비추는 거울 그 자체이다. 한 편의 수필도 비유와 상징으로 가득한 꽃의 언어이다. 서정의 환기와 기쁨, 희망에 대한 대차대조표를 담은 이주리 작가의 수필이 신록의 방향(芳香)과 함께 선물처럼 내게 배달되었다. 자신과 가족, 일터인 노동부 청년드림팀에서 경험한 모든 것들을 망라한 작품을 읽어가면서 한없이 부끄러워지는 나를 발견했다. 나는 어떤 꽃일까. 문득 회의와 자성의 질문을 던지면서 아름다운 문장 속으로 빠져들었다.

작가의 고통이 발화하여 꽃을 피우기까지 촘촘히 메워나

간 일상의 기록들, 한 개인의 눈으로 세상을 바라보고 인식한 지점을 눈여겨 바라보았다. 추운 겨울을 견뎌야만 개화의 동인(動因)을 갖추는 구근류의 꽃들, 매화, 산수유, 목련처럼 이른 봄에 피는 꽃들을 모두 무엇이라고 불러야 하나? 겨울 추위와 바람을 이겨내느라 멍든 가슴이라고, 아픈 눈물이라고, 슬픔의 빛깔이라고 꽃의 사가(史家)는 말해준다. 작가는 그렇게 꽃의 역사는 실재하는 아픔과 고통, 슬픔에서 출발하는 것이라고 말한다. 꽃의 향기, 삶의 아름다움을 그리면서 안으로 삭아가던 거름의 존재를 피하지 않고 담담하게 기록하였다. 피고자하는 꽃의 열망은 추위로 단련된 시간의 축적으로 세포 속에 들어가 있었다고, 주위 환경과 맞서 온 강인한 생명에의 의지와 눈물겨운 인내가 밑바닥에서 버텨 주었다고 꽃의 사초(史草)를 적어왔던 것이다.

꽃의 일생에서 가장 화려한 정점은 낙화의 순간이다. 바람에 흔들리며 허공을 붙잡은 찰나의 시간 안에서 한 생을 이끈 깨달음의 사유가 깊어가기 때문이다. 해를 더해가며 꽃의 사이클이 반복되면 우리는 어떻게 더 성숙해지고 더 풍성한 꽃밭을 가꾸게 될까. 그 답은 이주리 작가의 수필집 속에 들어 있다.

시인이자 수필가 이주리는 한 송이 꽃이다. 순결한 꽃, 새봄처럼 여린 꽃, 손금 속에 노동으로 익힌 사랑의 지도를 그리는 꽃, 현실에 뿌리를 내린 꽃, 하지만 언어에 홀려 미당(未堂)의 길을 따르는 꽃, 홀로 핀 꽃, 그러나 함께 어우러진 꽃, 불꽃, 몸속에 사리를 품은 꽃, 아픔으로 꽃받침 하나 이지러진 꽃, 그래서 더 아름다운 꽃, 언제나 모두를 위해 희망의 시를 쓰길 희망하는 꽃. 그렇게 이주리는 언제나 꽃으로 산다.

사공정숙 (시인 · 수필가)

98년 예술세계 등단
계간 <문파>주간, 한국 수필가협회 운영이사
수필집 <꿈을 잇는 조각보>
산문집 <노매실의 초가집>
시집 <푸른 장미>
산문집 서울시 <도보해설 스토리북>

고통과 함께 삶을 뛰어넘은 불꽃

설성제

그녀는 지금도 네모 박스 속에 갇혀 울고 있다. 자신을 찾아와 손을 내미는 오갈 데 없는 청년 실업인들과 생존의 위협에 속수무책인 가장들과 젖먹이를 둔 여성가장들 앞에서 울고 있는 그녀.

그녀는 그렇게 노동을 밑천 삼아 밥을 위해 아름다운 영혼을 팔아냈다. 맹자를 팔아 밥을 사버린 이덕무가 되었고, 그렇게 영혼을 팔아버렸다고 자책하며 찾아온 이덕무와 함께 좌 씨를 팔아 술을 사 마신 유득공이 되었다. 맹자나 좌 씨나 노동이 영혼을 팔아 밥을 산 이덕무나 유득공이나 그녀에게 어찌 감히 고귀한 영혼을 팔아넘겼다고 질책할 수 있으랴.

나는 그녀가 그녀의 창구를 찾아오는 사람들의 아픔을 충분히 그려내었다고 생각한다. 그녀는 '공문만큼 정확하고 건조한 하늘 아래 놓여진 틀에서, 가차 없이 자유를 구속하는 가위질 앞에서 몸소 전지 당한 목련나무'가 되고 말았으니 말이다. 청춘을 건조한 창구 속에서 보내는 동안 그녀는 고통을 누렸다. 그녀의 고통은 끝없이 타오르고 싶은 그녀의 자유를 뛰어넘어 그 이상의 세계로 이끌었음을 이제 그녀 스스로 알고 있다. 그 영광스러움의 전신을 어찌 다 고백할 수 있었으랴. 그녀의 깊은 행간 속속들이 묻어둔 삶의 궤적들을 볼 수 있는 눈을 독자가 떠보길 바래본다.

사위가 어두워야만 촛불의 존재가 드러나는 법. '촛불은 희생이 아니다. 초가 타오르며 내뿜는 불꽃은 운명이다. 본성이다. 의무이다. 삶의 방식이다. 인생은 스스로를 소재로 하여 위를 향해 타고 있는 불꽃일 때, 여느 불꽃처럼 다른 것들과 융합하기를 원하지 않는, 혼자 타기를 원하는 촛불일 때 살아있음을 느낀다.' 그만큼 그녀는 앙증스러운 고집을 부린다. 그 고집이 그녀를 살아내게 했던 힘임을 촛불 앞에 거침없이 불어 닥친 바람만이 알 것이다. 그 위태하고 연약한 불꽃 하나 꺼트리지 못하고 물러날 수밖에 없었던 폭풍, 창밖을 서성이며 우우우 거센 위협을 가했던 바람은 이제 그녀를 인정하고 잠잠해졌기를 바란다. 타협하지 않는 촛불만큼 강한 불꽃은 없다는 것을, 온 산을 태우고도 남는 불길보다 강한 촛불의 힘을 이제는 세상의 모든 바람이 인정 해주기를 바래 본다.

그녀의 위태위태한 한 자루 촛불로 두 아이를 길러낼 수 있었고 꺼질 듯한 힘으로 시를 쓰고 삶을 노래해 왔다. 화초에 물이나 줄 그녀의 손엔 남에게 말못할 복잡한 내면의 감정과 생애에 대한 피곤함이 고이고이 새겨졌다. 어느새 뭉툭해진 그녀의 손을 잡는 순간 그녀의 치열한 고통의 내력이 전해진다. 삶을 뛰어넘은 고통이 고스란히 전해져 온다.

그녀가 수고와 인내의 삶으로 만들어 낸 손, 무방비 상태의 이 진실한 손으로 지금은 무엇을 준비하고 있을까. 늘 그녀를 떠나지 않는 것, 그것이 죽음이라는 사실에 놀라면서 그녀에 동화될 수밖에 없어진다. '노란 이 봄, 천지가 꽃인 이 봄을 몇 번이나 더 볼 수 있을까. 유예 받은 이 시간만이 진실이기에, 완성이 없는 인생 앞에서 순간순간의 점과 선의 보행만이 인생임'을 깨닫고 이제는 미처 조명하지 못한 상처마저 뛰어넘고 있는 그녀와 함께 남은 길을 가고 싶다.

'제 자리를 떠나지 않고 피어나는 꽃들처럼, 햇볕이 뜨겁다고 아프게 밟힌다고 저 자리를 피하지 않는 돌멩이들처럼 묵묵히 순리에 순복하는' 그녀는 이미 천지에 핀 꽃이다. 그녀는 지금 아름다운 마지막을 향해 위태위태 타오르고 있는 어둠 속 불꽃이다.

설성제 (수필가)

2003년 예술세계 등단
울산 분인협회, 에세이 울산, 한국에세이포럼 회원
수필집 <바람의 발자국> <압화> <소만에 부치다>
울산지역 도서관 등 관공서에서 수필 지도

고통과의 하이파이브

이주리 수필집

인 쇄 2020년 6월 11일
발 행 2020년 6월 18일

지은이 이주리
발행인 서정환
펴낸곳 수필과비평사
주 소 전라북도 전주시 완산구 공북1길 16
전 화 (063) 275-4000, 252-5633
팩 스 (063) 274-3131
이메일 sina321@hanmail.net
출판등록 제300-2013-133호
인쇄 · 제본 신아출판사

저자와 협의, 인지는 생략합니다.
잘못된 책은 바꿔 드립니다.

ISBN 979-11-5933-269-2 (03810)

값 12,000원

이 도서의 국립중앙도서관 출판예정도서목록(CIP)은 서지정보유통지원시스템 홈페이지 (http://seoji.nl.go.kr)와 국가자료종합목록구축시스템(http://kolis-net.nl.go.kr)에서 이용하실 수 있습니다. (CIP제어번호: 2020024100)